Negacionismo científico e suas consequências

Estêvão Gamba
Sabine Righetti

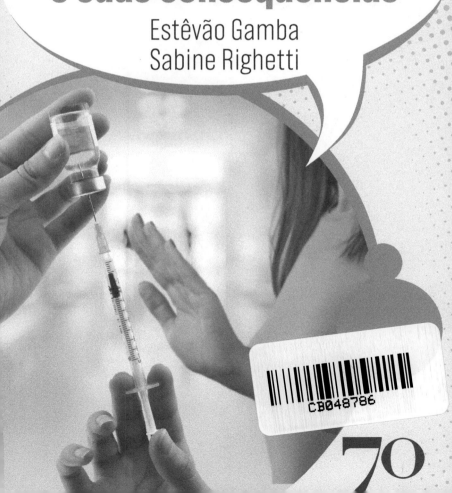

70

Negacionismo científico e suas consequências

Estêvão Gamba
Sabine Righetti

70

MYNEWS EXPLICA NEGACIONISMO CIENTÍFICO E SUAS CONSEQUÊNCIAS
© Almedina, 2024

AUTORES: Estêvão Gamba e Sabine Righetti

DIRETOR DA ALMEDINA BRASIL: Rodrigo Mentz
EDITOR: Marco Pace
EDITORA DE DESENVOLVIMENTO: Luna Bolina
PRODUTORA EDITORIAL: Erika Alonso
ASSISTENTES EDITORIAIS: Laura Pereira, Letícia Gabriella Batista e Tacila Souza
REVISÃO: Gabriel Branco

DIAGRAMAÇÃO: Almedina
DESIGN DE CAPA: Roberta Bassanetto

ISBN: 9786554272292
Março, 2024

Dados Internacionais de Catalogação na Publicação (CIP)
(Câmara Brasileira do Livro, SP, Brasil)

BGamba, Estêvão
MyNews explica negacionismo científico : e suas consequências Estêvão Gamba, Sabine Righetti. – São Paulo : Edições 70, 2024.
Bibliografia.

ISBN 978-65-5427-229-2

1. COVID-19 – Pandemia 2. Divulgação científica 3. Negacionismo 4. Notícias falsas 5. Pseudociência I. Righetti, Sabine. II. Título.

24-192447

CDD-501

Índices para catálogo sistemático:

1. Ciências : Divulgação 501

Eliane de Freitas Leite – Bibliotecária – CRB 8/8415

Este livro segue as regras do novo Acordo Ortográfico da Língua Portuguesa (1990).

Todos os direitos reservados. Nenhuma parte deste livro, protegido por copyright, pode ser reproduzida, armazenada ou transmitida de alguma forma ou por algum meio, seja eletrônico ou mecânico, inclusive fotocópia, gravação ou qualquer sistema de armazenagem de informações, sem a permissão expressa e por escrito da editora.

EDITORA: Almedina Brasil
Rua José Maria Lisboa, 860, Conj. 131 e 132, Jardim Paulista | 01423-001 São Paulo | Brasil
www.almedina.com.br

Apresentação

Zelar pela informação correta, de boa qualidade e com fontes impecáveis é missão do jornalista. E nós, no MyNews, levamos isso muito a sério. No século 21, nosso desafio é saber combinar as tradicionais e inovadoras mídias, criando um caldo de cultura que ultrapassa barreiras.

A nova fronteira do jornalismo é conseguir combinar todos esses caminhos para que nossa audiência esteja sempre bem atendida quando o assunto é conhecimento, informação e análise.

Confiantes de que nós estaremos sempre atentos e vigilantes, o MyNews foi criado com o objetivo de ser plural e um *hub* de pensamentos que serve como catalisador de debates e ideias para encontrar respostas aos novos desafios, sejam eles econômicos, políticos, culturais, tecnológicos, geopolíticos, enfim, respostas para a vida no planeta nestes tempos tão estranhos.

A parceria com a Almedina para lançar a coleção MyNews Explica vem de uma convergência de propósitos.

A editora que nasceu em Coimbra e ganhou o mundo lusófono compartilha da mesma filosofia e compromisso com o rigor da informação e conhecimento. É reconhecida pelo seu acervo de autores e títulos que figuram no panteão de fontes confiáveis, medalhões em seus campos de excelência.

A coleção MyNews Explica quer estar ao seu lado para desbravar os caminhos de todas as áreas do conhecimento.

MARA LUQUET

Introdução

Como profissionais de comunicação de ciência e também pesquisadores mergulhados no fluxo da informação científica na sociedade, uma das nossas batalhas é combater o negacionismo científico. No nosso trabalho diário, quando analisamos a produção científica de uma área do conhecimento, disseminamos ciência socialmente pela Agência Bori[1] ou escrevemos diretamente sobre ciência em um veículo de imprensa, a gente está, no fundo, tentando fazer com que a informação baseada em evidências chegue mais longe para contrapor ideias obscuras e desinformação, que tomaram conta das redes sociais e dos nossos telefones celulares. Estamos, portanto, tentando combater o negacionismo científico.

Assim, o convite do **MyNews** para escrever um livro sobre negacionismo científico foi uma oportunidade única

---

[1] Agência Bori é um serviço único no Brasil que apoia a cobertura da imprensa de todo o país à luz de evidências científicas por meio do mapeamento e disseminação de estudos científicos explicados a jornalistas cadastrados. abori.com.br

para refletir sobre o nosso próprio trabalho, para pesquisar e para costurar informações importantes para entendermos do que estamos falando quando tratamos de negacionismo científico.

Bom, estamos falando de algo grande, poderoso e perigoso. Como mostraremos neste livro, recusar a realidade de maneira sistemática é um fenômeno não apenas científico, mas também social, político, ideológico, religioso. O negacionismo científico é, também, uma estratégia muito clara de desinformação e de obscurantismo, com objetivos bem delineados. Ora, se eu nego que um fenômeno existe, então não preciso tomar nenhuma atitude — como indivíduo ou como gestor público — para combatê-lo, certo?

Simplesmente negar o conhecimento científico — o consenso científico, aquilo que cientistas e suas instituições defendem com base nas evidências mais sólidas da contemporaneidade — também permite a criação de realidades paralelas. E isso gera um universo bastante caótico: como é possível que as mudanças climáticas sejam uma realidade comprovadamente causada pela atividade humanas se eu vi um único estudo científico que diz algo diferente disso? (veremos, neste livro, que sim, isso é possível: há estudos que não dialogam com o consenso científico — e os negacionistas se valem disso).

Nós costumamos falar sobre esses temas e trazer esses debates com nossos interlocutores principais, que são cientistas e jornalistas, além dos leitores dos veículos de comunicação nos quais escrevemos — neste livro, por exemplo, resgatamos várias colaborações que fizemos recentemente para a Folha de S.Paulo. Este livro **MyNews Explica Negacionismo Científico — e suas consequências**, no entanto, nos traz também a oportunidade de dialogar diretamente com interessados no tema, estudantes, professores, empresários, gestores. Queremos ampliar ainda mais esse debate.

Nesta obra, fazemos um mergulho nas origens do conceito de "negacionismo científico", resgatando os principais autores da atualidade que tratam do tema. Em seguida, dialogamos com o conceito de negacionismo com obscurantismo: negar a ciência está diretamente ligado à ideia de pós-verdade, aos ataques ao conhecimento científico e aos cientistas (inclusive no Brasil), às teorias da conspiração, à desinformação e às pseudociências. O negacionismo também dialoga e encontra terreno fértil em ideais propagados pela extrema-direita em todo o mundo — e ganha espaço com seus adeptos e seguidores.

Abordamos, também, algumas das principais formas de negacionismo científico: o terraplanismo, a ideia de que o homem não teria ido à Lua, o negacionismo climático e o negacionismo do Holocausto — que, aliás, como veremos, deu origem ao termo "negacionismo científico".

Em seguida, focamos na negação da covid-19, um dos fenômenos negacionistas mais recentes e, talvez, mais impactante da nossa história. No contexto brasileiro, trazemos as principais formas de negação da gravidade do coronavírus, por meio de declarações de autoridades políticas de que a doença era apenas "uma gripezinha" e da insistente oferta de uma série de tratamentos precoces para covid-19 — sem eficácia científica — como a cloroquina, a ivermectina, a "proxa" (proxalutamina) e outros.

Também abordamos, no âmbito da covid-19, em capítulo subsequente, a negação específica das vacinas contra a doença causada pelo novo coronavírus: a ascensão do movimento antivax e queda da cobertura vacinal, os *sommeliers* de vacina no Brasil, o debate sobre a eficácia dos imunizantes, a desinformação sobre, por exemplo, o chip da "Vachina" (em alusão à Coronavac, desenvolvida em parceria com laboratório da China) e a negação de dados oficiais de vacinação. Essa análise bastante completa e atualizada sobre negacionismo científico especificamente no âmbito da covid-19 talvez seja a principal contribuição deste livro ao debate da área.

Para isso, foram meses de pesquisa, de leitura e de levantamento e atualização de dados em bases como *Clinical Trials*, que agrega dados sobre testes de medicamentos, vacinas e diagnósticos em pacientes globalmente (com informações sobre local, quantas pessoas serão pesquisadas, duração do experimento e metodologia) e *Web of Science*, que reúne milhares de periódicos científicos de todo o mundo. Citamos amplamente essas duas bases internacionais neste livro.

Tudo isso só foi possível diante do convite do **MyNews**, na pessoa da jornalista Gabriela Lisboa — a quem agradecemos muito —, que cordialmente nos instigou ao desafio de definir e contribuir com o debate sobre negacionismo científico. Também agradecemos a Marco Pace, da Almedina Editora, pela publicação desta série tão preciosa.

E agradecemos também a você, leitor, que topou fazer essa jornada com a gente a favor do conhecimento científico. Aqui, a gente só nega a desinformação.

OS AUTORES

Sumário

APRESENTAÇÃO 5

INTRODUÇÃO 7

BREVES DEFINIÇÕES CONCEITUAIS USADAS NESTE
LIVRO 13

1. O QUE É NEGACIONISMO CIENTÍFICO 19
   1.1. Controvérsia científica 26
   1.2. Falsas controvérsias 29
   1.3. Então a ciência é incontestável? 33
   1.4. Negacionismo: conceito em evolução 41

2. CIÊNCIA ESMAGADA 45
   2.1. Desinformação e pós-verdade 49
   2.2. Confiança na ciência 51
   2.3. Parece ciência: pseudociência 56
   2.4. Cientistas e instituições sob ataque 58

3. FORMAS DE NEGACIONISMO 77
   3.1. Negando o holocausto 80
   3.2. Negacionismo climático 87
   3.4. Terraplanismo e homem na Lua 100

4. A NEGAÇÃO DA COVID-19 105
   4.1. Cloroquina 116
   4.2. Ivermectina 123
   4.3. Nitazoxanida 126
   4.4. Spray nasal de Israel 129
   4.5. Proxalutamina 132
   4.6. TrateCov 135

5. A NEGAÇÃO DAS VACINAS CONTRA COVID-19 139
   5.1. Ascensão do movimento antivax 145
   5.2. Queda da cobertura vacinal 150
   5.3. Sommeliers de vacina 154
   5.4. O anúncio da Sputnik V 161
   5.5. Chip, "vachina" e DNA 164
   5.6. Negando dados oficiais 169

CONSIDERAÇÕES FINAIS 177

REFERÊNCIAS 185

Breves definições conceituais usadas neste livro

Argumento de autoridade: recurso argumentativo que justifica escolhas pessoais com base no comportamento e nas declarações de pessoas consideradas importantes e de figuras de autoridade.

Bolsa de pesquisa: uma espécie de "salário" pago com recursos públicos a cientistas em formação no Brasil — da graduação à pós-graduação — para que trabalhem com produção de ciência.

Céticos do clima: são os negacionistas climáticos (o termo "ceticismo" dá uma falsa ideia de questionamento com base em pensamento crítico para os "céticos do clima". Por isso, preferimos não o usar neste livro).

Ciência: observação sistemática de fenômenos, seguida de experiências com base em metodologia rigorosa e de análises que levam a determinados resultados.

Citações: são consideradas indicativo de qualidade dos trabalhos científicos. Quanto mais os estudos científicos são citados em futuras pesquisas, mais relevantes seriam. Com as citações se calcula o "impacto" das pesquisas acadêmicas.

Consenso científico: comum acordo entre cientistas de uma determinada área sobre um conjunto de evidências científicas. É uma espécie de posicionamento coletivo em um campo da ciência em um determinado momento.

Controvérsia científica: trata-se de uma discussão ou disputa referente a uma questão sobre a qual muitos cientistas divergem. É como se um grupo de pesquisadores olhasse para um fenômeno e chegasse a uma conclusão e, outro grupo, tivesse outro entendimento. As falsas controvérsias científicas criam uma narrativa de disputa na ciência em campos em que há consenso científico.

Cultura da imunização: conceito do cientista político Gilberto Hochman, da Fiocruz, que define que uma longa trajetória histórica das políticas de saúde associada ao processo de construção de Estado no Brasil levaram a uma compreensão coletiva do papel da imunização na saúde pública.

Desinformação: divulgação deliberada de informações falsas, enganosas ou descontextualizadas com o objetivo de manipular e de influenciar o debate público. Também chamado de "*fake news*".

Duplo-cego: pesquisa clínica com grupos de pacientes no qual um grupo de pacientes recebe o princípio ativo e,

BREVES DEFINIÇÕES CONCEITUAIS USADAS NESTE LIVRO | 15

outro grupo, o placebo. Nenhum dos grupos sabe se está recebendo a droga ou placebo (por isso, são "cegos").

Evidência anedótica: "evidência" baseada em uma experiência ou observação pessoal, coletada de maneira casual ou não sistemática, geralmente usada para promoção de um produto, de um serviço ou de uma ideia. Costuma ter falsa relação de causa e efeito.

Imunidade de rebanho: termo que vem da medicina veterinária e representa o processo final de controle de uma doença de rebanhos por meio da imunização dos animais.

Infodemia: superabundância informacional na qual diferentes atores — com ou sem especialização científica — disputam espaço na difusão de narrativas sobre ciência.

Medicina baseada em evidências: emprego consciencioso, explícito e judicioso da melhor evidência disponível na tomada de decisões sobre os cuidados de saúde de um paciente.

Negacionismo científico: recusa sistemática de conceitos básicos, empiricamente verificáveis e apoiados pelo consenso científico em favor da crença em conceitos radicais e controversos.

Outro lado no jornalismo: a noção de objetividade no jornalismo é orientada pela apresentação dos "dois lados da questão". Ouvir o "outro lado" no jornalismo pode ser entendido como trazer a perspectiva de diferentes atores envolvidos em um fato ou, ainda, trazer visões diferentes sobre um mesmo fato.

"Outroladismo": prática do jornalismo que, na ânsia de ouvir o "outro lado" de um fato, acaba dando o mesmo peso a fontes científicas e a negacionistas em uma mesma cobertura.

Pós-verdade: contexto no qual as pessoas tendem a escolher e acreditar em informações que se alinham com suas crenças e visões pré-existentes, mesmo que essas informações não sejam apoiadas por evidências sólidas.

Preprint: versão preliminar de um resultado científico, que ainda não foi validado por outros pesquisadores da respectiva área de conhecimento (chamados de "pares").

Pseudociências: sistemas de compreensão do mundo que podem até ter um caráter racional em suas argumentações, mas são impossíveis de serem submetidos a algum tipo de teste (como se faz na ciência).

Revisão por pares: escrutínio de especialistas de uma determinada área do conhecimento (chamados de "pares"), que avaliam trabalhos científicos submetidos à publicação.

Retratação de artigo científico: trata-se da anulação de um estudo que havia sido publicado em casos, por exemplo, de inconsistência de dados ou má conduta científica (como plágio). O artigo científico segue público com uma espécie de tarja indicando que foi anulado.

BREVES DEFINIÇÕES CONCEITUAIS USADAS NESTE LIVRO | 17

"Sommeliers de vacina": termo usado pela imprensa para descrever pessoas com uma abordagem seletiva em relação às vacinas da covid-19.

Teorias da conspiração: formas de entender e de explicar um fenômeno tendo como princípio de que a sua natureza é secreta, acobertada e que faz parte de um plano conspiratório, ou de uma trama de pessoas, ou organizações.

Viés de confirmação: tendência a observar evidências que confirmem nossas crenças prévias sobre um determinado assunto ou fenômeno. O viés de confirmação é um dos vários vieses da nossa cognição (nossas predisposições psicológicas).

1.
O que é Negacionismo Científico

"A incapacidade de separar o que é conhecimento científico de tudo aquilo que não é provoca muitas consequências ruins."

Ronaldo Pilati (2018:104)

Se você estiver na faixa etária dos autores deste livro — nascidos entre final da década de 1970 e início da década de 1980 —, provavelmente teve conhecimento do termo "negacionismo" já em uma idade adulta. O negacionismo nasceu, do ponto de vista teórico, alguns anos após nós, que assinamos este livro — e levou um certo tempo para se disseminar e para se tornar efetivamente uma palavra no vocabulário. Então, conceitualmente, estamos falando de algo bastante recente.

O termo "negacionismo" foi proposto pelo historiador francês Henry Rousso em trabalho publicado em 1987 para se referir a grupos e indivíduos que negavam a existência das câmaras de gás e o extermínio em massa dos judeus durante o regime nazista da Segunda Guerra Mundial — tema no qual nos aprofundaremos adiante neste livro.

A maioria dos trabalhos acadêmicos atuais que tentam compreender e jogar luz na temática do negacionismo científico — talvez em uma perspectiva de também ajudar a combatê-lo — retomam o conceito de Henry Rousso. Nascido em 1954 no Cairo (Egito), Rousso se tornou um especialista na Segunda Guerra Mundial e acabou se debruçando sobre um movimento (bem esquisito) que surgia na década de 1970: a negação do Holocausto. Atualmente, ele atua no Centro Nacional Francês de Pesquisa Científica (CNRS, na sigla em francês), uma das principais instituições de pesquisa daquele país.

A palavra "negacionista" serviu como uma luva para definir pessoas e grupos que, na época, definiam-se como "revisionistas" da História, tentando conferir credibilidade intelectual e científica ao que não passava de falsificação e de distorção de evidências. Ora, quem faz um revisionismo estaria reanalisando algo, gerando modificações em relação à interpretação original de um fato — e não negando um acontecimento histórico.

O revisionismo é uma ideia que carrega ambiguidade de significado e que confunde de maneira significativa o debate público. Então Rousso deu nome aos bois: eram "negacionistas", na verdade, porque estavam "negando" um fato amplamente documentado, inclusive com relatos de testemunhas. Por isso, como dissemos, a palavra conceitualmente foi perfeita. É isso que veremos neste livro.

Negacionismo científico é, então, negar algo que a ciência assume como verdade. De todas as definições contemporâneas de negacionismo, talvez uma das mais interessantes seja a do jornalista Carlos Orsi, que se dedica há alguns anos ao tema. Ele define em seu livro "Negacionismo & desafios da ciência" (2022) que "negacionismo" é a "recusa sistemática a aceitar a realidade que se apresenta diante dos olhos" — e essa realidade é tal como descrita pela ciência. Mencionaremos bastante Carlos Orsi neste livro, incluindo as obras recentes dele com a microbiologista (e sua esposa) Natalia Pasternak, como "Ciência no Cotidiano" (2020), "Contra a realidade" (2021) e "Que bobagem!" (2023).

Mas vamos voltar à definição de negacionismo de Carlos Orsi. O autor pontua que negacionistas existem faz tempo, apesar de o termo, como vimos, ser recente. Acontece que as redes sociais e a potencialidade de se produzir e de receber informações de maneira sem precedentes acabou contribuindo para a disseminação de ideias e de personalidades negacionistas.

É como se, antes, houvesse um certo "controle editorial": a imprensa séria não iria gastar tinta e papel entrevistando uma pessoa aleatória que diz que a Terra é plana, quando temos evidências científicas suficientes há alguns séculos sobre o formato *real* do planeta. Mas, com as redes sociais, essa mesma pessoa aleatória lança um canal no YouTube trazendo ideias estapafúrdias, ganha inscritos/seguidores, sobe nos algoritmos e, assim, chega a milhares — ou milhões — de pessoas (e, aí, por causa dessa repercussão, o assunto pode até acabar indo também para a imprensa!). Ou seja: as formas como nos comunicamos hoje contribuem de maneira significativa para disseminar ideias negacionistas.

Negacionismo científico é a recusa em aceitar uma realidade empiricamente verificável, uma rejeição sistemática de conceitos básicos, incontestáveis e apoiados por consenso científico em favor da crença em conceitos radicais e controversos (e, muitas vezes, bem malucos mesmo!). Lembrando que o consenso científico é uma espécie de acordo entre cientistas especialistas de uma área em um momento específico sobre um determinado tema. Por exemplo, o consenso científico sobre o formato do nosso planeta. Ou ainda temas mais específicos: recentemente, a OMS (Organização Mundial de Saúde) chegou a um novo consenso científico — a partir de ampla revisão da literatura científica vigente — de que o adoçante artificial aspartame é potencialmente cancerígeno.

Outras formas de negação

Importante, no entanto, diferenciar o negacionismo de negação em outras circunstâncias da nossa existência humana — e, inclusive, investigadas por pesquisadores e por profissionais de saúde. Caso, por exemplo, encontrado no livro "O que sobra" (2023), que traz relato autobiográfico do príncipe Harry.

Na obra, que chamou atenção mundial pelos bastidores e pelas fofocas da família real britânica, com vendas expressivas, Harry relata algumas histórias e intimidades desde a sua infância — inclusive como lidou com a morte de sua mãe, a princesa Diana, em 1997. Na época, ele tinha 12 anos.

De acordo com a biografia, Harry escolheu negar que a mãe, de fato, tivesse perdido a vida em um acidente de carro em Paris (França). Como nunca vira o corpo da mãe — apenas o seu caixão —, criou para si uma história de que sua mãe, cansada dos holofotes da imprensa, que eram intensos, teria decidido simular sua morte para desaparecer e que, em breve, apareceria para buscar a ele e ao irmão mais velho, William. Ele "acreditou" nessa ideia, como relata no livro, por bastante tempo.

Esse tipo de negação é um fenômeno bastante estudado na psicologia e em outras áreas da saúde mental em processos de sofrimento relacionados à morte — saber que estou muito doente e que vou morrer ou receber a notícia da morte do outro. É como se fosse uma estratégia de sobrevivência para não lidar diretamente com a dor causada pela experiência humana mais intensa e irreversível: o fim da vida.

Essa negação, no entanto, é bem diferente do negacionismo científico que trataremos neste livro. Quem perde um ente amado, acompanha um funeral, recebe um atestado de óbito, tem todas as evidências de que aquilo, de fato, aconteceu. Pode, no entanto, negar por um tempo, talvez internamente, que aquilo aconteceu como uma espécie de autoproteção.

Harry, no entanto, não foi às redes sociais dizer que a morte de sua mãe era uma mentira, uma armação dela própria ou de outras pessoas. Não criou grupos para debater a falsa morte da princesa Diana, unindo pseudociências (falaremos delas adiante neste livro!) e simulando dados para confundir uma determinada audiência. Ele negou em silêncio, sem que ninguém ficasse sabendo, passando por um processo de significação de uma grande perda.

O negacionismo científico, diferentemente disso, é a negação declarada de uma realidade baseada em evidências, que não necessariamente está ligada diretamente a uma experiência pessoal ou interior do indivíduo.

Ideologias e grupos políticos

Em geral, as principais formas de negacionismo são alinhadas a ideologias, a crenças e a grupos políticos que, na verdade, não têm nada a ver com a ciência. Isso fica bem claro quando olhamos para todas as formas de negacionismo que envolvem algum tipo de temática sexual — e se tornam um problema sério quando orientam as políticas públicas. Trazemos aqui alguns exemplos.

A ciência entende que a orientação sexual é algo inerente ao ser humano em sua diversidade. Por isso, a homossexualidade foi retirada pela OMS da Classificação Estatística Internacional de Doenças e Problemas Relacionados à Saúde (CID) na década de 1990 (há bastante tempo!) Defender, por exemplo, a chamada "cura gay", ou seja, terapias de conversão sexual é uma forma de negacionismo científico periclitante porque ignora o consenso de que a homossexualidade *não* é uma doença.

Pior: a ciência mostra que impor a heterossexualidade normativa a lésbicas, gays, bissexuais e transexuais, claro, causa muito sofrimento. Também há consenso sobre isso. No Brasil, o Conselho Federal de Psicologia determina que profissionais da psicologia não exerçam qualquer ação que favoreça e, tampouco, colaborem com eventos e serviços que proponham tratamento e cura das homossexualidades. Não pode.

Mais recentemente, a transexualidade também deixou de ser considerada um transtorno mental e passou a ser abordada com novos protocolos — como cirurgias de ressignificação sexual. Negar isso, claro, também é negacionismo científico. Hoje, a ciência tenta se debruçar sobre o que que leva à incoerência marcada entre o sexo biológico e a identidade de gênero. Uma das hipóteses é que a identidade feminina ou masculina é formada no cérebro do bebê durante a gestação, depois do desenvolvimento dos órgãos sexuais.

No caso dos transgêneros, o que se sabe é que a transexualidade não é uma "escolha" ou algo do tipo — e ignorar isso é negar veemente o consenso científico.

Da mesma forma, existem muitos estudos que mostram que a educação sexual nas escolas ajuda a prevenir a transmissão de doenças sexuais, a gravidez indesejada e o abuso sexual. Justamente por isso, currículos de países como Alemanha e Inglaterra incluem educação sexual no currículo obrigatório, passando por noções do corpo e da fisionomia nos primeiros anos da escola a educação sexual de fato nas idades mais avançadas.

Novamente: negar isso é se contrapor a múltiplas evidências na área de educação, de saúde e, também, negar dados oficiais que mostram que a maioria dos casos de abuso sexual de crianças acontece dentro de casa (ou seja: é preciso ter um espaço fora dela para tratar do assunto).

Para além do preconceito — a homofobia e a transfobia —, a ideia de que a homossexualidade ou a transexualidade demande tratamento/cura sob uma perspectiva heteronormativa é, sobretudo, alinhada a conceitos conservadores.

Da mesma forma, a negação de que educação sexual nas escolas reduz doenças, gravidez indesejada e risco de violência também é uma atitude conservadora, casada com muita desinformação (por exemplo, a ideia de que educação sexual nas escolas "ensina crianças a fazer sexo", como repetem políticos mais conservadores). É quase que uma negação da ciência porque ela mostra algo diferente do que eu gostaria ou do que eu acredito — e não porque se trata de "ciência". Negacionismo tem a ver com negar algo que é diferente daquilo que eu acredito ou quero acreditar.

Nesse tipo de discussão, são comuns argumentos lustrados por um verniz científico com base em estudos de má qualidade ou em falsas controvérsias científicas. Muitas vezes se trata de um negacionismo baseado naquilo que se acha que também é ciência, que é uma ciência alternativa ou mais correta que o consenso (porque concorda com o que eu penso). Como escreve o psicólogo e professor da UnB Ronaldo Pilati, em "Ciência e Pseudociência" (2018), que citamos amplamente neste livro: "A incapacidade de separar o que é conhecimento científico de tudo aquilo que não é provoca muitas consequências ruins" (Pilati, 2018:104). Trataremos disso neste capítulo.

1.1. Controvérsia científica

É importante diferenciarmos negacionismo científico de controvérsia científica, que são coisas completamente diferentes. A controvérsia científica é um fenômeno relativamente comum na comunidade acadêmica: surge a partir de diferentes perspectivas, interpretações ou conclusões de pesquisadores sobre um determinado tema, hipótese ou resultado experimental. Como o próprio nome diz: trata-se de uma discussão ou disputa referente a uma questão sobre a qual muitos divergem. É como se um grupo de pesquisadores olhasse para um fenômeno e chegasse a uma conclusão e outro grupo tivesse outro entendimento.

Isso acontece devido a diferentes métodos de pesquisa utilizados, por limitações técnicas ou logísticas da própria ou por dificuldade de replicação de descobertas científicas.

Das controvérsias científicas podem surgir discussões aprofundadas, novos dados e teorias, resultando em uma melhor compreensão de um determinado tema. Não é, portanto, uma negação de um conceito científico. É um conceito científico em debate.

Há, claro, muitas controvérsias na ciência — que, justamente, ajudam o conhecimento científico a caminhar. Muitas vezes, em um mesmo departamento de pesquisa de uma universidade, pesquisadores divergem sobre um determinado tema. Isso também pode acontecer em diferentes instituições de pesquisa.

Um exemplo ilustrativo de controvérsia científica pode ser a origem do homem nas Américas. Segundo as teses da arqueologia mais tradicional, dominada pela visão dos norte-americanos, a chegada do homem nas Américas se deu há cerca de 13 mil anos, vindo da Ásia via estreito de Bering (que liga os oceanos Pacífico e Ártico, entre a Rússia e os Estados Unidos).

Para outro grupo de estudiosos, incluindo a arqueóloga francesa Nième Guidon, radicada no Brasil e criadora do Parque Nacional da Serra da Capivara (PI), o material arqueológico resgatado até agora no Piauí indica que o homem teria chegado à região bem antes do que mostram os arqueólogos norte-americanos: há cerca de 100 mil anos. Essa linha acredita que o *Homo sapiens* teria vindo da África por via oceânica, atravessando o Atlântico, depois de uma grande seca na África. Isso, explica Guidon, em um contexto em que o Oceano estava mais baixo, havia muito mais ilhas. Seria uma viagem possível.

Como descreve a jornalista Adriana Abujamra, em livro sobre Niède Guidon (2023), parte do trabalho e das teorias da arqueóloga se baseiam na análise de "ferramentas" humanas que datavam de muitos milhares de anos e que foram encontradas no Piauí. Acontece que um grupo de cientistas foi ao local e entendeu que as pedras — interpretadas por Guidon como ferramentas — teriam formato de lança porque colidiram de uma certa altura ao chão. Então, não teriam sido fabricadas pelo homem, mas sim adquirido um formato similar ao de ferramentas por "motivos naturais". É uma controvérsia científica que ainda não está resolvida — e segue em acalorado debate.

Há também controvérsias sobre a extinção da megafauna — animais de grandes proporções como os tigres-dentes-de-sabre e as preguiças-gigantes, que sumiram do planeta. Aqui, a ciência se divide entre pesquisadores que relacionam o fenômeno às mudanças climáticas (aquecimento do planeta com o fim da Era do Gelo) e, outros, que depositam a extinção da megafauna às atividades humanas — os chamados "fatores antrópicos" (a coexistência com a espécie humana pode ter dizimado espécies através da competição por alimentos ou pela ação direta da caça). Há, ainda, quem defenda a soma dos dois fatores para explicar o sumiço da megafauna.

Em artigo publicado em 2011 no prestigioso periódico científico "*Nature*", por exemplo, cientistas argumentaram que o bisão siberiano e o cavalo selvagem foram extintos provavelmente pela caça de seres humanos. No entanto, o sumiço do rinoceronte-lanudo e do boi-almiscarado na Eurásia deve ter como causa a mudança do clima. Para chegar a essa conclusão, os cientistas usaram dados climáticos, o DNA das espécies e registros arqueológicos. Novamente: não há consenso.

Um último exemplo de controvérsia está relacionado à compreensão dos vírus. Há cientistas que argumentam que

O QUE É NEGACIONISMO CIENTÍFICO | 29

os vírus não seriam seres vivos, pois não possuem as características tradicionais da vida. Outros, dizem que a definição de vida pode ser ampliada para acomodar estruturas biológicas como os vírus — que podem se replicar e evoluir. Vírus são seres vivos ou não? Aqui, outra controvérsia científica: e, muitas vezes, as tentativas de resolver uma controvérsia acabam fazendo com que a ciência evolua — o que é ótimo.

1.2. Falsas controvérsias

O problema é que há, também, as falsas controvérsias científicas, que, aí, sim, andam de mãos dadas com o negacionismo científico. Aproveitando-se da lógica de que a ciência é um processo em construção, que muitos temas ainda são controversos e que constantemente paradigmas científicos são quebrados com a evolução do próprio conhecimento, muitos dissensos são fabricados propositalmente para influenciar a opinião pública e os formuladores de políticas. Para piorar: em alguns casos, as falsas controvérsias são criadas por cientistas credenciados, que se valem de um determinado resultado de pesquisa isolado (muitas vezes de má qualidade) para fingir que não existe um consenso acerca de um determinado tema.

Isso foi muito bem abordado no livro "*Merchants of Doubt*" (2011, "Mercadores da Dúvida" em tradução livre), dos historiadores da ciência Naomi Oreskes e Erik Conway, que, em 2014, virou um documentário (recomendado ao final deste livro!). A obra mostra a estratégia de indústrias para colocar em dúvida e atrasar as discussões sérias sobre os malefícios do tabaco — há algumas décadas — e, mais recentemente, sobre as mudanças climáticas.

Nesse último caso, a falsa controvérsia se baseia principalmente na contestação da extensão do papel humano nas mudanças climáticas globais. Enquanto o consenso científico concorda que as atividades humanas — a queima de combustíveis fósseis, desmatamento, pecuária —, há quem diga (inclusive cientistas) que as mudanças climáticas têm causas naturais. Ou ainda: negam completamente as mudanças climáticas causadas pelo homem, a precisão das projeções futuras do clima e afirmam que há manipulação dos dados científicos.

Muitas vezes são chamados de "céticos do clima" — só que isso está errado. Céticos são pessoas que fazem questionamentos usando o pensamento crítico, o método científico e a análise lógica, o que não é o caso. O termo "negacionista" é mais apropriado aos criadores de falsas controvérsias, inclusive em relação às mudanças climáticas. Também vimos, com frequência, falsas controvérsias no período da pandemia de covid-19, por exemplo, relacionadas às vacinas, debate posterior ao livro e documentário "*Merchants of Doubt*".

Quem trabalha com falsas controvérsias cria uma atmosfera de dúvida ao colocar lado a lado o consenso e evidências científicas ruins, isoladas ou até mesmo anedóticas — como relatos de casos isolados. Isso, como ressalta a pesquisadora de desinformação Marie Santini (2023), pode acabar afetando também pessoas fora de uma "bolha negacionista".

São tantas desinformações recebidas que, mesmo que o indivíduo tenha uma postura crítica e acompanhe evidências, acaba colocando em xeque uma série de conceitos.

E, muitas vezes, a imprensa, na ânsia de ouvir "dois lados" de um mesmo fenômeno, ajuda a consolidar as falsas controvérsias[2]. Caso, como veremos adiante, de reportagens que dão o mesmo peso a fontes científicas e negacionistas. É o que chamamos de "outroladismo" no jornalismo. Só que não existe "outro lado" em temas como vacinação, formato da Terra ou mudanças climáticas. O lado que deve ser levado em conta é um só: o do consenso científico.

Ciência indiscutível

Mas por que há refutação até de fenômenos incontestáveis, comprovados há séculos e inclusive acompanhados por imagens como o formato da Terra? Essa é uma pergunta complexa, que tem uma variável considerável de possibilidades de respostas.

Pela perspectiva de *"Merchants of Doubt"*, o que está por trás, por exemplo, de negacionistas do clima, como veremos adiante neste livro, é o conservadorismo aliado a uma ideia de liberdade individual — algo muito forte sobretudo nos Estados Unidos.

Ora, se existem mudanças climáticas em curso que precisam ser combatidas, então eu terei de mudar meu estilo de vida e o governo fará políticas públicas que vão ferir a minha liberdade. Isso pode ser, para uns, inaceitável. E mais do que isso: ambientalistas tendem a ter imagem associada a valores de esquerda e até ao comunismo (são chamados de "melancia": verdes por fora, mas vermelhos por dentro).

---

[2] Outro lado no jornalismo: a noção de objetividade no jornalismo é orientada pela apresentação dos "dois lados da questão". Ouvir o "outro lado" no jornalismo pode ser entendido como trazer uma perspectiva diferente sobre um mesmo fato.

E o comunismo, sabemos, é algo que os liberais querem combater veementemente.

Assim, os modos de pensamento vigentes na pós--verdade, contexto no qual as pessoas tendem a escolher e acreditar em informações que se alinham com suas visões pré-existentes, são uma espécie de tempestade perfeita caindo sobre a informação: populismo, tradicionalismo, neoliberalismo e ideologia anticomunista (Santini, 2023). Trataremos disso com mais profundidade no capítulo sobre formas de negacionismo.

Já no documentário "A Terra é Plana" (2018), talvez uma das melhores produções cinematográficas recentes que se debruçam sobre o fenômeno do negacionismo, também indicado no final deste livro, é possível fazer uma análise interessante do comportamento dos negacionistas. Trataremos desse fenômeno no capítulo 3, mas é importante destacar aqui o que o filme evidencia: negacionistas pertencem — ou querem pertencer — a grupos.

São pessoas reunidas que, como escreve o jornalista Carlos Orsi (2022), participam de uma mesma comunidade vibrante e se agarram às mesmas crenças. Promovem encontros, festas, debatem juntos. E o fato de pertencerem a um grupo também torna mais difícil ainda sair dele. É como um grupo religioso, que crê em algo que a ciência desmente.

Novamente: negacionistas tendem a pertencer a um mesmo alinhamento político, partidário, ideológico — e isso também acaba unindo a todos em uma espécie de clube. Ou seja: se eu apoio um político (ou um pastor) que declara que a covid-19 é "apenas uma gripezinha" (veremos isso adiante), então eu também vou negar a ciência que mostra a gravidade da doença causada pelo novo coronavírus.

O QUE É NEGACIONISMO CIENTÍFICO | 33

1.3. Então a ciência é incontestável?

Curiosamente, a base da atividade científica é a contestação — que, claro, é algo bem diferente da *negação*. Funciona mais ou menos assim: os pesquisadores de uma determinada área chegam, por meio do método científico, a uma conclusão que é publicada em periódicos científicos. Só que as pesquisas continuam, avançam, as tecnologias mudam, o aprendizado naquela área aumenta. Então, novos pesquisadores podem chegar a conclusões diferentes da anterior — e aí o entendimento que se tem naquela área muda.

É por isso que o físico e filósofo da ciência dos EUA, Thomas Kuhn, famoso pelo seu livro "A estrutura das Revoluções Científicas" (1962), dizia que as ciências são construções humanas, sociais e históricas — e que a compreensão acerca dos fenômenos depende do recorte histórico. Para dar um exemplo bem específico: se buscarmos a literatura científica sobre a microbiota humana — população de bactérias e micro-organismos que vivem no corpo humano — provavelmente encontraremos que 1 quatrilhão de microsseres habitavam nosso corpo. Essa ideia, no entanto, mudou recentemente, quando novos trabalhos científicos mostraram que o corpo humano, na verdade, carrega algumas *dezenas de trilhões* de bactérias e afins. Ou seja: ainda é muito micro-organismo no nosso corpo, mas é menos do que a ciência afirmava anteriormente. E isso pode mudar toda a compreensão que se tem de uma área específica da ciência.

Conforme o conhecimento acadêmico avança, alguns paradigmas vão sendo quebrados e substituídos por ideias novas — claro, sempre com base no método científico de experimentação, análise de resultados e submissão para avaliação de pares (outros cientistas). Kuhn chama esses conceitos de "paradigmas científicos".

Negacionistas tendem a se valer da evolução do conhecimento científico — característica da própria ciência — para confundir ou para gerar dúvida, como diriam Naomi Oreskes e Erik Conway em *Merchants of Doubt*. "Ora, se o novo coronavírus é respiratório, por que os cientistas não recomendaram o uso de máscara desde o início da pandemia?", declaravam os negacionistas. "Cientistas vivem mudando de ideia". E por aí vai.

Negacionistas tendem a ignorar consensos científicos ou a estabelecer contraposições por meio de evidências científicas pontuais. Como ressaltam Natalia Pasternak e Carlos Orsi (2023), ter a ciência ao seu lado é quase sinônimo de estar certo — mesmo que a ciência seja usada para contestar, de maneira estapafúrdia, um consenso. "Foi feito por um PhD", dizem por aí, como recurso argumentativo.

O levantamento "Evidências em debate", publicado em 2023, do jornalista de dados Marcelo Soares, mostrou de maneira bastante didática como os negacionistas usam — sim — muita ciência em suas argumentações. Analisando as notas taquigráficas da CPI (Comissão Parlamentar de Inquérito) da covid, de 2021, Soares viu que "tropa de choque" governista metralhou a comissão com referências enviesadas de estudos, vocabulário científico fora de contexto e demandas de credenciais, tudo usado como argumento de autoridade.

Esse tipo de argumentação, escreve, é um clássico usado pelos "mercadores da dúvida" para confundir o ambiente de informação. Como se vê no gráfico a seguir, termos como "randomizado" e "metanálise" apareceram mais nas falas negacionistas do que na de depoentes alinhados com a ciência. Não por acaso, como veremos adiante, terraplanistas e outros negacionistas também nadam de braçada em termos científicos para justificar suas teorias.

Figura 1. *Fonte: Relatório "Evidências em Debate" (Soares et al., 2023).*

Basicamente, as sessões com mais concentração de citações de evidências foram as que reuniram especialistas para falar sobre o combate à covid ou defender as decisões do governo. Do lado governista, havia um grupo que municiava depoentes e senadores com vocabulário e referências que, apresentadas como argumento de autoridade, corroborariam as ações tomadas. Do lado da ciência, faltou esse tipo de mobilização.

Claro: é possível, sim, que uma publicação científica proponha algo diferente de um consenso científico em uma área sem que isso altere o paradigma vigente. Podem ser necessárias novas confirmações, mais evidências científicas, mais experimentações. Só que muitas vezes os negacionistas usam uma única evidência científica isolada para disseminar uma ideia contrária ao consenso científico. E fazem isso de maneira estratégica. "Não há mudanças climáticas, vejam esse estudo aqui que mostra que o planeta não está aquecendo", dizem. Só que o tal estudo pode ser de péssima qualidade. Ou pode estar errado mesmo.

Ciência também erra

A ciência lida de algumas maneiras diferentes nos casos de erros nos artigos científicos. Há as correções após publicação (os autores substituem o texto original por uma versão corrigida e um histórico do documento é mantido de maneira pública). E tem também os casos de "retratação", ou seja, a anulação de um estudo que havia sido publicado por inconsistência de dados ou má conduta científica (como plágio).

Em geral, o artigo científico retratado segue público com uma espécie de marca d'água indicando que foi anulado, acompanhado de uma nota de retratação assinada pelos autores e/ou editor do periódico científico. Em casos bem raros — de clara difamação, infração aos direitos legais de terceiros, por ordem judicial ou se o conteúdo representar um sério risco à saúde —, o artigo científico pode ser totalmente retirado do ar.

No início da pandemia de covid-19, por exemplo, aumentaram os erros em novas publicações porque a ciência

O QUE É NEGACIONISMO CIENTÍFICO | 37

mundial nunca produziu tanto e tão rapidamente. Isso veio à tona no início de junho de 2020, com a anulação de um estudo publicado no mês anterior no periódico científico *The Lancet* (um dos mais importantes do mundo)[3].

Cientistas da Suíça e dos EUA tinham concluído que havia risco maior de morte entre pacientes de covid-19 que tomaram hidroxicloroquina ou cloroquina em comparação aos pacientes que não usaram a droga. A análise tinha base em dados de 96 mil pessoas internadas com o novo coronavírus fornecidos pela empresa Surgisphere.

O trabalho foi corrigido uma semana depois da publicação e, depois, anulado por inconsistência nos números. O fato, claro, fez com que os negacionistas nadassem de braçada. Afinal, era justamente um estudo sobre cloroquina para covid-19 que tinha erros nos dados!

A Surgisphere também deu base a um artigo publicado no mesmo mês — junho de 2020 — no *The New England Journal of Medicine* sobre doenças cardiovasculares, terapia medicamentosa e mortalidade na covid-19. Esse trabalho também foi retratado.[4]

Naquela época, em 2020, sete novos estudos sobre o novo coronavírus eram publicados por hora em todo o mundo. O problema é que o número de trabalhos científicos anulados após disseminação pública também crescia — o que preocupava a comunidade acadêmica. A ciência mundial nunca tinha produzido tanto e tão rapidamente. E a corrida da ciência para publicação dos resultados aumentou também a quantidade de estudos retratados pelo mundo.

---

[3] Ver https://www.thelancet.com/journals/lancet/article/PIIS0140-6736(20)31180-6/fulltext#articleInformation.

[4] Ver https://www.nejm.org/doi/full/10.1056/NEJMoa2007621.

Para se ter uma ideia, em 2015, um total de 565 trabalhos publicados foram anulados pelos periódicos acadêmicos por causa de erros graves como incongruência de dados ou plágio. Já em meados de 2020, com pouco mais de um terço dos trabalhos publicados em 2015, a taxa de retratações já chega a 624 artigos científicos — quatro deles com pesquisadores do Brasil.

De acordo com o *Retraction Watch*, iniciativa que acompanha estudos científicos retratados em todo o mundo, um total 359 trabalhos sobre covid-19 tinham sido retratados até julho de 2023. Claro, é um número absoluto significativo, mas é pequeno em relação ao total produzido: equivale a 0,09% do total de 411 mil trabalhos sobre covid-19 publicados de 2020 a 2022, de acordo com dados que tabulamos na base *Web of Science*.[5] Novamente: é o mecanismo da ciência para corrigir erros da própria ciência que, claro, pode cometer deslizes.

Nem sempre, no entanto, as retratações de artigos científicos são tão ágeis assim como nesse caso específico do *The Lancet*. Adiante, contaremos o caso de um artigo científico problemático publicado em 1998 no mesmo periódico científico *The Lancet*, que associava a vacina tríplice viral a casos de autismo — e que só foi retratado em 2010! Esse estudo é usado até hoje como base do movimento antivacina.

Vale lembrar também que o artigo científico de Didier Raoult e colegas, que concluiu que, "apesar do pequeno tamanho da amostra", o tratamento com hidroxicloroquina está significativamente associado à redução/desaparecimento da carga viral em pacientes com covid-19 com

---

[5] A relação de estudos publicados sobre covid-19 que foram retratados está em https://retractionwatch.com/retracted-coronavirus-covid-19-papers/.

O QUE É NEGACIONISMO CIENTÍFICO | 39

efeito reforçado por azitromicina, publicado em julho de 2020 pelo periódico *International Journal of Antimicrobial Agents*, não foi retratado até agosto de 2023[6] — quando já reunia mais de três mil citações em trabalhos publicados posteriormente[7].

O trabalho foi amplamente criticado pela inconsistência dos dados desde que foi anunciado em vídeo no YouTube e publicado em *preprint*, meses antes. Tem uma amostra pequena e não seguia o chamado "duplo-cego" (na qual um grupo de pacientes recebe, sem saber, placebo). E mais: os pacientes que pioraram no quadro de covid-19 no experimento foram excluídos dos resultados publicados.

Os autores — incluindo Dider Raoult — chegaram a responder às críticas publicamente em janeiro de 2021 afirmando coisas do tipo: "concordamos com os colegas que a exclusão de seis pacientes de nossa análise pode ter influenciado os resultados"[8]. O trabalho recebeu uma espécie de "alerta de preocupação" do periódico (em inglês, "*expression of concern*", que é uma das ações possíveis problemas detectados em artigos já publicados). Ou seja: o sistema de retratação de estudos, como tudo na ciência, não é exatamente perfeito.

Na prática, todo resultado de pesquisa apresentado por cientistas deve passar por revisão de especialistas da mesma área do conhecimento — o que, como já dissemos,

---

[6] Ver "Hydroxychloroquine and azithromycin as a treatment of COVID-19: results of an open-label non-randomized clinical trial". International Journal of Antimicrobial Agents. Volume 56, Issue 1, July 2020, 105949. Disponível em: https://www.sciencedirect.com/science/article/pii/S0924857920300996.

[7] Nesse caso, o número de citações pode, inclusive, ser confundido com um indicador de qualidade do trabalho (o número de citações é considerado indicativo positivo dos trabalhos científicos: quanto mais os estudos científicos são citados em futuras pesquisas, mais relevantes seriam).

[8] Ver https://www.ncbi.nlm.nih.gov/pmc/articles/PMC7779257/.

leva o nome de "avaliação por pares". São os "pares" que verificam a metodologia e os resultados expostos no artigo científico, refazem contas a partir dos dados brutos e, muitas vezes, voltam aos autores do estudo com questionamentos. Esse processo pode levar até dois anos — e, ainda assim, não garante a publicação de um estudo submetido à avaliação.

Na pandemia, para se ter uma ideia, revistas científicas como o periódico científico *Journal of Hospital Infection* chegaram a aprovar um estudo sobre o tempo de sobrevivência do novo coronavírus fora do corpo em menos de 24 horas.

O trabalho foi submetido e aceito no dia 31 de janeiro de 2020 — e veio a público menos de uma semana depois. Em 2019, o mesmo periódico levava uma média de dois meses entre a submissão e a aprovação de artigos científicos, que traziam resultados de pesquisas sobre temas como, por exemplo, a bactéria gastrointestinal *E-coli*. Escrevemos sobre isso para a Folha em junho de 2020[9].

Tudo isso, claro, ajuda a atrapalhar ainda mais os debates "baseados em evidências": pesquisas retratadas que dialogavam com o consenso científico, estudos isolados que nadam contra o consenso (e que podem ter má qualidade publicadas, estar em periódicos científicos duvidosos — e, muitas vezes, negacionistas). Essas são ainda mais difíceis de lidar. Parece bem confuso — e piorou ainda mais em tempos de pandemia.

Então existe ciência de má qualidade? Sim, é claro. E, aqui, é importante voltar a Thomas Kuhn, que nos lembrava que a ciência *não* é neutra. Ela é feita por humanos,

---

[9] Ver https://www1.folha.uol.com.br/equilibrioesaude/2020/06/anulacao-de -estudos-aumenta-na-pandemia.shtml.

passível de erros, de subjetividades, de má conduta como cópia de trechos de trabalhos pregressos sem menção a eles, manipulação de dados ou uma série de interesses que nem sempre estão explícitos.

Esse tipo de estudo infelizmente também alimenta os negacionistas — inclusive aqueles que estão gerindo as políticas públicas, como veremos amplamente no capítulo sobre a negação da covid-19, neste livro. Como escreve Ronaldo Pilati, a ciência é um empreendimento social. Justamente por isso, requer uma atividade coordenada no âmbito da qual o conhecimento produzido por alguns cientistas é validado ou refutado por seus pares. E muitas vezes a ciência de má qualidade pauta o debate público.

1.4. Negacionismo: conceito em evolução

A própria ideia de negacionismo científico, que é muito recente, como vimos, também está em transformação. O negacionismo é, ele próprio, objeto de muitas investigações científicas. De acordo com dados que tabulamos na base de periódicos *Web of Science* em 2023, foram publicados mundialmente quase 25 mil estudos científicos sobre o tema de 2013 a 2022 — cerca de 3,5% disso com participação de instituições de pesquisa do Brasil. As publicações na área se intensificaram nos últimos, com um pico em 2021. Ou seja: os próprios cientistas estão tentando, em todo o mundo, compreender o fenômeno.

Figura 2. *Publicações científicas sobre negacionismo na última década.*

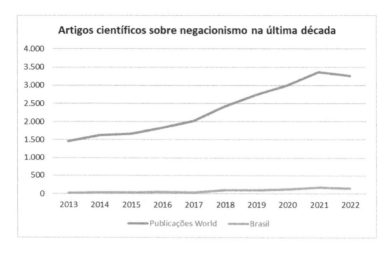

Fonte: Web of Science e SciELO CI. Elaboração própria.

Figura 3. *Publicações científicas sobre negacionismo na última década.*

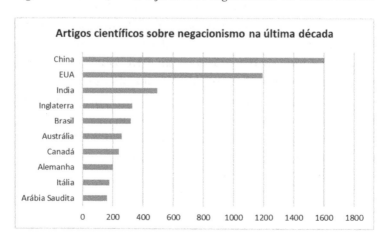

Fonte: Web of Science e SciELO CI. Elaboração própria.

O QUE É NEGACIONISMO CIENTÍFICO | 43

Os dados levantados mostram ainda que o Brasil está entre os cinco maiores produtores de conhecimento sobre negacionismo no mundo, atrás apenas de China, Estados Unidos, Índia e Inglaterra. Para se ter uma ideia, cientistas de instituições de pesquisa do Brasil publicaram 321 estudos sobre o tema em 2021 e 2022 — um em cada quatro deles tratando de negacionismo no âmbito da covid-19.

E, no Brasil, USP, UnB, UFMG (Universidade Federal de Minas Gerais), UFRJ (Universidade Federal do Rio de Janeiro), Fiocruz e Universidade Federal de São João del-Rei lideram as pesquisas sobre negacionismo no país — cada uma com mais de dez estudos publicados sobre o tema especificamente em 2021 e 2022.

A produção científica crescente sobre negacionismo científico mostra que os próprios cientistas estão tentando entender o fenômeno para compreender como o negacionismo opera e impacta diferentes setores. São trabalhos multidisciplinares de áreas como ciências da computação, de saúde e de comunicação, que se dedicam a olhar para o tema e para suas diversas intersecções, por exemplo, com política e com religião.

A ideia de negacionismo científico apresentada neste livro pode, assim, ainda evoluir e sofrer transformações importantes conforme o próprio fenômeno avança. Como diria Thomas Kuhn, essa é a análise possível neste retrato histórico com as informações, evidências e paradigmas que temos hoje disponíveis. Quem sabe este próprio livro pode levar a novas reflexões passíveis de contribuir para o entendimento e o enfrentamento do problema? Assim esperamos!

2.
Ciência Esmagada

"A ciência desperta um sentimento sublime de admiração. Mas as pseudociências também têm esse efeito."

Carl Sagan (1996)

Em *"Fake News* na Política" (2022), obra desta coleção do MyNews Explica, os autores Rodrigo Augusto Prando e Deysi Oliveira Cioccari estabelecem uma relação interessante de conceitos na qual mostram a "política" espremida por um quadrilátero perigoso de negacionismo, *fake news*, pós-verdade e teorias da conspiração. Nessa composição, a política acaba se distanciando da democracia, do diálogo saudável e do confronto de ideias.

Fazendo uma adaptação da proposta dos autores para este livro, substituímos a "política" pela "ciência" e enxergamos outro quadrilátero perigoso ao seu redor:

a pós-verdade, a desinformação, as pseudociências e o movimento de extrema-direita. Esse quadrilátero alimenta de maneira significativa o negacionismo científico — e a ciência fica, assim, aprisionada entre um conjunto de propagadores de ideias anticiência. Por isso, não dá para debater negacionismo científico sem uma discussão aprofundada sobre esses conceitos obscuros que o fortalecem e que esmagam o conhecimento científico.

Tabela 1. *Fonte: Elaboração própria.*

Pós-verdade	Desinformação/*fake news*	Pseudociências
	CIÊNCIA	
	Extrema-direita	

Esses conceitos estão completamente interconectados no ecossistema do negacionismo científico que, vale lembrar, é a negação deliberada de evidências científicas bem estabelecidas. A recusa da realidade em favor de teorias alternativas, por exemplo, pode ter início com as notícias falsas.

As notícias falsas (*fake news*) são deliberadamente criadas com a intenção de enganar ou manipular as pessoas sobre muitos aspectos da vida. Podem partir de notícias reais descontextualizadas, manipulação de imagens ou fabricação de fatos. São espalhadas sobretudo por meio de redes sociais, mas também podem ser publicadas em "veículos" que imitam o jornalismo — o que confunde ainda mais o interlocutor. Claro, nem todo mundo que compartilha uma história falsa, não-verificada ou enganosa sabe que aquele conteúdo desinforma. A pessoa pode ter sido enganada e disseminar o conteúdo sem saber disso.

Importante destacar que há um debate importante acerca do termo "notícias falsas" (*fake news*), recorrentemente lembrado por especialistas como Marie Santini, professora da Escola de Comunicação da UFRJ e diretora do NetLab, laboratório que, desde 2013, se dedica a estudos de internet e redes sociais.

O termo *fake news* teria sido criado por Donald Trump em 2016 no contexto da disputa eleitoral como uma forma de descredibilizar notícias (reais) que eventualmente fizessem alguma crítica a ele ou a suas propostas. E Trump se valeu do termo durante todo o seu mandato. Mais tarde, o termo acabou sendo usado também como sinônimo de "desinformação", referindo-se à disseminação deliberada de informações propositadamente incorretas ou enganosas, muitas vezes com a intenção de manipular a opinião pública ou alcançar algum tipo de ganho. Neste livro, usaremos o termo "desinformação".

Importante destacar ainda que a desinformação se dá em um momento histórico da "pós-verdade", que, como vimos, é o contexto no qual as pessoas tendem a escolher e acreditar em informações que se alinham com suas visões pré-existentes, mesmo que essas informações não sejam apoiadas por evidências sólidas. E mesmo que as pessoas saibam disso. Ou seja: "as emoções e as crenças pessoais têm grande impacto na formação da percepção que o indivíduo tem do mundo à sua volta", escrevem pesquisadores da Faculdade de Educação da USP em trabalho sobre *fake news* científicas (Gomes, Penna e Arroio, 2020).

Consequência: negacionismo

E o negacionismo científico? Bom, ele é uma espécie de resultado de todo esse processo. É "o produto de circunstâncias em que fatos objetivos são menos influentes na formação da opinião pública do que apelos à emoção e à crença pessoal", escreve Jean Carlos Hochsprung Miguel, professor no Departamento de Política Científica e Tecnológica do Instituto de Geociências da Unicamp (Miguel, 2022).

Para Miguel, discussões recentes a respeito do fenômeno do negacionismo científico estão, em sua maioria, relacionadas ao debate do fenômeno da pós-verdade. O autor retoma o filósofo Michel Foucault e seu conceito de que a verdade seria produto das relações de poder. Ou seja: a verdade não é o que o consenso científico diz, mas aquilo que se acredita e se dissemina. Novamente: é como uma realidade paralela.

Mas vamos voltar ao quadrilátero de pós-verdade, desinformação, pseudociências e a extrema-direita alimentando o negacionismo científico — e esmagando a ciência. É claro que, dependendo da ideia negacionista, o pêndulo vai mais para um lado ou para outro.

Como veremos neste livro, especialmente no Brasil, a ideia da Terra plana costuma ter adeptos de escolaridade mais baixa — e, em tese, menos acesso aos princípios fundamentais da geografia e de outras ciências. De acordo com pesquisa do Datafolha de 2019, 10% das pessoas que deixaram a escola após o ensino fundamental defendem o chamado terraplanismo, parcela que cai para 3% entre os que têm ensino superior.

Outras ideias negacionistas, no entanto, podem estar mais ligadas a alinhamentos com extrema-direita ou à desinformação do que simplesmente à escolaridade. Negar a eficácia de uma vacina contra covid-19 produzida por uma farmacêutica chinesa em um acordo firmado por um opositor político a um governante de extrema-direita é um comportamento muito mais político do que ligado à educação científica. E por aí vai. Como já vimos, negacionistas pertencem a um mesmo alinhamento político, ideológico, religioso — e isso acaba unindo a todos em uma espécie de clube.

Neste capítulo faremos um caminho juntos costurando os conceitos de desinformação e de pós-verdade com a confiança na ciência, as pseudociências até desembocar nos ataques recentes sofridos pela ciência e pelas instituições de pesquisa — o que também tem relação direta com a pós-verdade.

2.1. Desinformação e pós-verdade

Em pesquisa de mestrado bastante ampla conduzida no Laboratório de Estudos Avançados em Jornalismo (Labjor--Unicamp), que analisou peças de desinformação sobre vacinas — tema ao qual retornaremos no último capítulo deste livro —, a jornalista Mariana Hafiz escreve que desinformação é um problema não somente porque existem novas técnicas para propagá-la, mas porque ela assume caráter cada vez mais intencional e organizado, distanciando-se da noção de erro genuíno ou más práticas do jornalismo profissional. É o conceito de desordem informacional. O trabalho dela foi orientado pela coautora deste livro, Sabine Righetti, no Programa de Pós-Graduação em Divulgação Científica e Cultural.

Neste livro, como vimos anteriormente, entendemos desinformação como a divulgação deliberada de informações falsas ou enganosas com o objetivo de manipular, enganar e influenciar o público. É um fenômeno que ocorre em várias plataformas, como mídias sociais, sites de notícias, e-mails, mensagens de texto — e que assume diversas formas.

São boatos, teorias da conspiração, "notícias falsas", informações distorcidas e descontextualizadas, imagens manipuladas. O objetivo principal da desinformação é espalhar uma narrativa falsa para criar confusão (lembram-se do "*Merchants of Doubt*"?), promover uma agenda particular — que, em geral, não dialoga com a ciência — ou incitar ódio e medo.

Máquina do ódio

É isso que a jornalista Patrícia de Campos Mello chama de "máquina do ódio": a disseminação articulada, organizada e patrocinada de desinformação que, inclusive, contribui para propagar movimentos contrários à democracia.

Em livro homônimo, de 2018, que também está nas indicações de leitura, ela discute de que forma as redes sociais vêm sendo manipuladas por líderes populistas — como Jair Bolsonaro (2019-2022) — e como as campanhas de difamação funcionam como uma forma de censura, agora terceirizada para exércitos de *trolls* patrióticos repercutidos por robôs no Twitter, Facebook, Instagram e WhatsApp.

O problema é que a disseminação rápida e fácil de informações nas redes sociais e na internet em geral pode amplificar o alcance da desinformação, tornando-se um problema significativo na era digital. Para se ter uma ideia, as notícias falsas se espalham 70% mais rápido do que as verdadeiras — e alcançam muito mais gente. A conclusão é do maior estudo já realizado sobre a disseminação de notícias falsas na internet, realizado por cientistas do MIT, dos Estados Unidos, do cientista de computação Soroush Vosoughi e colegas, e publicado no periódico Science em 2018 — antes, portanto, da pandemia.

De acordo com o trabalho, as informações falsas ganham espaço na internet de forma mais profunda e com mais abrangência do que as verdadeiras. Isso, escrevem os autores do trabalho, pode levar, por exemplo, ao desalinhamento dos investimentos públicos e empresariais e a eleições mal-informadas.

A própria arquitetura das plataformas digitais e a curadoria de algoritmos de recomendação de conteúdo também contribuem para promover um cenário de infodemia (superabundância informacional na qual diferentes atores com ou sem especialização científica disputam espaço na difusão de narrativas sobre ciência), como lembram Santini e Barros (2022). Entender como notícias falsas se espalham é o primeiro passo para contê-las.

2.2. Confiança na ciência

A mensuração do nível de confiança das pessoas na ciência e nos cientistas faz parte das chamadas pesquisas de percepção pública da ciência e da tecnologia — realizadas por meio de questionários há décadas em países desenvolvidos e, mais recentemente, feitas também no Brasil. Essas pesquisas surgiram após a Segunda Guerra Mundial, no contexto de novos debates sobre a ciência e suas implicações éticas e sociais após, sobretudo, as bombas de Hiroshima e Nagasaki, que mataram dezenas de milhares de pessoas.

Isso se deu no âmbito da criação, nos Estados Unidos, da *National Science Foundation* (NSF), em 1950, e da Nasa (Agência Espacial Americana), em 1958, em resposta à pressão da opinião pública norte-americana ante a criação do primeiro satélite artificial da história, o Sputnik, pela União Soviética, no ano anterior. Na esteira, surgiram recursos públicos para programas de educação científica e para estudos de opinião pública.

Nos Estados Unidos, a NSF já propunha, antes mesmo da década de 1980, uma pesquisa nacional periódica sobre percepção pública da ciência e tecnologia. Já na Europa, em meados da década de 1980, emergiu o movimento para "compreensão pública da ciência" (PUS, na sigla em inglês) após a publicação de um relatório encomendado, no Reino Unido, pela *Royal Society*.

A ideia era medir periodicamente o conhecimento, o interesse, a valoração e o engajamento das pessoas com temas ligados à ciência. Mas por que isso é importante? Essas pesquisas podem orientar políticas públicas voltadas à educação científica e à comunicação social da ciência de maneira estratégica. Fornecem dados, por exemplo, do quanto as pessoas ativamente se expõem à informação científica. Se uma população desconhece ou não se interessa pela ciência, a procura por carreiras científicas, por exemplo, pode cair. E pessoas distantes da ciência podem tender a seguir comportamentos negacionistas — o que pode se tornar perigoso, por exemplo, no enfrentamento de uma pandemia.

Vale lembrar que, como vimos no capítulo 1 deste livro, o termo "negacionismo" também surgiu na década de 1980 — foi proposto em 1987 pelo historiador Henry Rousso para se referir a grupos e indivíduos que negavam a existência das câmaras de gás e o extermínio em massa dos judeus durante o regime nazista da Segunda Guerra Mundial. Ou seja: era um período de compreensão de como as pessoas se relacionavam com o conhecimento científico — ou o negavam.

A ciência e os brasileiros

No Brasil, o governo começou a mostrar interesse em mapear a opinião pública sobre temas científicos também na década de 1980, mas não de maneira periódica. O primeiro levantamento nacional nesse sentido no país foi feito em 1987 pelo Conselho Nacional de Desenvolvimento Científico e Tecnológico (CNPq), mas as pesquisas só se tornaram mais sistemáticas, no âmbito do MCTI (Ministério de Ciência, Tecnologia e Inovações) muitos anos depois, a partir de 2006[10]. Esses trabalhos têm sido liderados, no país, por nomes como a pesquisadora Luisa Massarani (da Fundação Oswaldo Cruz), o físico Ildeu Moreira (da UFRJ, ex-presidente da SBPC) e o sociólogo Yurij Castelfranchi (UFMG).

A pesquisa realizada em 2010, por exemplo, mostrou que o interesse declarado (ou seja, que a pessoa afirma ter) dos brasileiros em "ciência" superava até o tema "esportes". No entanto, apenas um em cada dez entrevistados conseguiram citar o nome de um cientista brasileiro. Também chamou atenção que o índice de confiança em determinados profissionais como fonte de informação mudava conforme escolaridade e classe econômica — com exceção

---

[10] Foram realizados levantamentos nacionais de percepção pública da ciência em 2006, 2010, 2015 e 2019.

de médicos, que são "confiáveis" para todas as classes. Entre os mais pobres, a confiança nos religiosos era maior do que nos cientistas. Já nas classes com mais recursos e formação, os campeões são os cientistas de instituições públicas.

Na pesquisa nacional de 2015, mais da metade dos entrevistados (54%) revelou percepção de que a ciência traz apenas benefícios — taxa que caiu no levantamento de 2019 para 31% dos entrevistados com a mesma resposta.

Isso, vale lembrar, em um contexto anterior à pandemia de covid-19. Vale destacar que uma visão crítica à ciência não implica necessariamente em posturas negacionistas. Ao contrário: pode estar relacionada à compreensão de que a ciência é uma atividade humana que não é neutra e que, portanto, pode ter conflitos e problemas. Justamente por isso não é simples analisar os resultados dessas pesquisas de percepção social da ciência.

Em 2022, outra pesquisa — desta vez realizada pelo Instituto Nacional de Ciência e Tecnologia em Comunicação Pública da Ciência e da Tecnologia (INCT-CPCT), com sede na Casa de Oswaldo Cruz (COC/Fiocruz), — olhou especificamente para a confiança dos brasileiros na ciência. O resultado foi que a maioria dos brasileiros e brasileiras confia na ciência, embora, em tempos de pandemia, essa confiança tenha diminuído.

A maioria dos entrevistados (68,9%) declarou confiar ou confiar muito na ciência. A taxa está menor do que indicam pesquisas recentes, como o Índice do Estado da Ciência da empresa 3M (EUA), que apontou um índice de 90% na afirmação "eu confio na ciência" em 2022. A hipótese é que as campanhas de desinformação durante a pandemia de covid-19 podem ter afetado de maneira significativa a confiança que se tem na ciência, no conhecimento científico ou nos cientistas (por outro lado, o conhecimento sobre institutos de pesquisa e sobre cientistas no Brasil cresceu um pouco depois da pandemia).

Novamente: a ciência espremida pelas teorias da conspiração, pela pós-verdade, pelo movimento de extrema-direita e pela desinformação — tema no qual nos debruçamos neste capítulo.

A taxa de confiança na ciência pode ter relação também com uma visão crítica que se tem da própria ciência. Justamente por isso, as pesquisas de percepção social da ciência analisam as informações em alguns contextos específicos. Por exemplo: o respondente deve dizer o quanto confia em cientistas, políticos, jornalistas, militares — e em outros grupos — como fonte de informação.

Um cenário hipotético em que a confiança em políticos e militares seja maior do que a confiança em cientistas pode acender um sinal de alerta — lembrando que a disseminação de desinformação muitas vezes está ligada a grupos políticos e partidários. Felizmente, não é o caso do Brasil: 5% dos respondentes declararam confiar ou confiar muito em militares e apenas 1,5% em políticos. Já a taxa de confiança em cientistas de universidades ou institutos públicos de pesquisa e cientistas que trabalham em empresas como fonte de informação é de 47,3%, como se vê a seguir. Cientistas "só perdem" para os médicos.

É fundamental que as pessoas confiem na ciência e tenham acesso à informação para tomar decisões individuais informadas, por exemplo, sobre sua saúde, segurança, educação, meio ambiente e outras questões importantes que afetam suas vidas.

A confiança na ciência também é fundamental para as políticas públicas — sua elaboração ou a cobrança social para que decisões políticas e regulamentações sejam embasadas em evidências científicas sólidas. A confiança na ciência é fundamental para o progresso da humanidade, garantindo que as escolhas e decisões sejam informadas, seguras e benéficas para indivíduos e comunidades em todo o mundo.

2.3. Parece ciência: pseudociência

A observação sistemática de fenômenos, seguida de experiências com base em metodologia rigorosa e de análises que levam a determinados resultados, recebe, há algum tempo, o nome de ciência. Em diferentes áreas do conhecimento, a ciência tem especificidades: fazer pesquisa em biologia é muito diferente de produzir conhecimento em ciências sociais. A pesquisa pode ser realizada em laboratório ou fora dele, envolvendo ou não equipamentos científicos, podem ser pontuais ou durar décadas. Se seguirem metodologia científica, então é ciência. Não basta, no entanto, usar termos "científicos" ou ter caráter racional para ser ciência — isso pode ser algo que simplesmente se *parece* com ciência. São as pseudociências, que, em muitos momentos, flertam com o negacionismo científico.

Para o psicólogo e professor da UnB Ronaldo Pilati, um dos maiores estudiosos da área no país, as pseudociências são "sistemas de compreensão do mundo que, em geral, possuem um caráter racional em suas argumentações, mas são inexoravelmente impossíveis de serem submetidos a algum tipo de teste que demonstre que eles são falsos" (Ronaldo Pilati, 2018:106). Não são, portanto, ciência.

São, como escrevem a microbiologista Natalia Pasternak e Carlos Orsi, em "Que bobagem!" (2023), uma coletânea de práticas que vão de astrologia a poder quântico, passando por homeopatia, curas energéticas e outras, que fazem parte do nosso dia a dia e que, conforme os autores, reivindicam, de modo ilegítimo, fazer parte da ciência.

Para Pilati, tendemos a acreditar naquilo que queremos acreditar. Ou seja: se quero acreditar que homeopatia faz bem para mim, mesmo com tantas evidências mostrando que seu efeito é basicamente nulo em qualquer tratamento, então eu vou acreditar nisso — e usarei homeopatia. Ou ainda: se minha tia e a amiga do meu cunhado se curaram com energia do reiki, então isso realmente funciona!

Viés de confirmação

Isso é o que a psicologia — área do conhecimento de Pilati — chama de "viés de confirmação", ou seja, uma tendência a observar evidências que confirmem nossas crenças prévias sobre um determinado assunto ou fenômeno. O viés de confirmação é um dos vários vieses da nossa cognição — nossas predisposições psicológicas. Outro, por exemplo, é o viés atencional: uma tendência a focarmos mais atenção nos elementos conhecidos ou coerentes com nossas expectativas e, por isso, esses elementos serão lembrados mais facilmente no futuro. Vale olhar o livro do Pilati (2018) para conhecer os demais vieses cognitivos!

No caso das pseudociências, no entanto, o viés de confirmação é o que mais nos interessa. "Acreditar naquilo que queremos acreditar significa confirmar as expectativas que já possuímos para explicar a realidade, buscando evidências que as confirmem" (Pilati, 2018:81). O conhecimento científico é quase o oposto disso: a busca pela confirmação é desacreditada pelo método científico. O problema é que, como escreve Pilati, somos quase "programados" para lidar mal com a incerteza, com o risco, com o que é falseável. Um prato cheio para as pseudociências, certo?

Outro problema — do qual sempre lembram Natalia Pasternak e Carlos Orsi — é que as pseudociências integram uma indústria muito lucrativa e, claro, feita para vender. A homeopatia, por exemplo, é muito utilizada por um público que não sabe direito do que se trata, acham que é algo "natural", "feito de plantas".

Há quem acredite, de forma equivocada, que se trate de uma medicação testada e aprovada seguindo critérios científicos — e se sente frustrado quando descobre que, na verdade, é algo bem diferente disso. Para piorar a situação, muitas pseudociências encontram morada, no Brasil, nas próprias instituições de pesquisa — caso das residências médicas em homeopatia, por exemplo. Isso, claro, ajuda a confundir ainda mais o debate público.

2.4. Cientistas e instituições sob ataque

Se a ciência contrapõe ideias de um governo vigente, então suas instituições e seus atores devem ser descredibilizados. Isso se observa com frequência em governos negacionistas — caso do ex-presidente Bolsonaro. Como vimos no capítulo anterior, a partir de Santini (2023), as principais formas de negacionismo são alinhadas a ideologias e crenças que não têm nada a ver com a ciência como o populismo e o neoliberalismo. Governos populistas de direita tendem a se colocar contra uma "elite" que, no caso, é intelectual. São os cientistas, a ciência, as instituições de pesquisa! Por isso, no contexto desses governos, estão sempre sob ataque.

Um dos gurus de Bolsonaro, considerado cérebro do governo, especialmente no início da gestão, e deliberadamente negacionista, Olavo de Carvalho, sobre quem já falamos aqui, não poupava palavras para criticar, por exemplo, as "elites" das universidades — que, vale lembrar, são responsáveis pela imensa maioria da pesquisa científica no Brasil que, por sua vez, é um dos quinze maiores produtores de ciência do mundo. "Se eu te mostrasse fotos de universidades brasileiras, você só veria gente nua fazendo sexo", disse em entrevista ao etnografista Benjamin Teitelbaum para "Guerra pela eternidade" (2020).

O livro se debruça justamente sobre o tradicionalismo e a ascensão da direita populista como Jair Bolsonaro e, nos EUA, Donald Trump. A obra apresenta os fundamentos desse movimento: o desprezo pela modernidade, a busca por uma religiosidade que teria se perdido ao dar espaço para a liberdade de expressão, a rejeição à democracia secular e à igualdade econômica. Tradicionalistas acreditam em hierarquia e, portanto, recusam a homogeneidade das sociedades de massa e a busca pela igualdade social.

Uma das maneiras conhecidas de se minar um determinado setor ou área em um país democrático é corroendo suas instituições mais fortes. Na ciência, isso foi também drenando suas bases e suas fontes de recursos — que, em países como o Brasil, são, sobretudo, públicas. Inviabilizar atividades científicas sucessivamente paralisando — ou quase — instituições de pesquisa é quase uma das formas de garantir que o negacionismo prevaleça.

Logo no início da gestão de Bolsonaro, em abril de 2019, o ex-presidente declarou, durante uma entrevista, que poucas universidades no Brasil faziam pesquisa — e, das que fazem, a maioria está na iniciativa privada. A informação estava completamente incorreta e negava evidências sólidas.

O Brasil está entre os 15 países com a maior quantidade de estudos científicos publicados no mundo. Para se ter uma ideia, cientistas brasileiros lançaram mais de 250 novos artigos acadêmicos por dia em 2021 — 90% disso produzido em universidades públicas. É muita coisa. USP, Unesp e Unicamp produzem, sozinhas, cerca de um terço de toda a ciência feita nas universidades do país. Essas instituições lideram um grupo de universidades brasileiras intensas em pesquisa, que também conta com federais como UFRJ, UFMG e UFRGS. Nenhuma delas é privada, ao contrário do que afirmou o presidente.

Balbúrdia

Poucas semanas depois da declaração de Bolsonaro, o então ministro da Educação, Abraham Weintraub, disse que universidades brasileiras estariam fazendo "balbúrdia" no lugar de melhorar seu desempenho acadêmico — e citou nominalmente as federais da Bahia, Fluminense e UnB. Só que, ao contrário do que afirmou o ministro, essas três universidades estavam entre as dez brasileiras que mais aumentaram a sua produção científica recentemente. A UnB liderava o trio com um crescimento de 109% na década de 2008 para 2017[11].

---

[11] Os dados foram analisados até 2017 porque eram as informações disponíveis na época da fala do ex-Ministro, em 2019.

CIÊNCIA ESMAGADA | 61

Isso significa que a universidade tinha mais do que dobrado sua publicação de novos estudos científicos no período. O mesmo acontecia com a UFBA, que aumentou sua produção científica em 102% de 2008 para 2017. Na UFF, o crescimento da produção de ciência foi de 84,3%. Para se ter uma ideia, a média nacional de crescimento da produção científica foi de 65% naquela década (a USP, que é um gigante nacional em produção de ciência, por isso cresce mais lentamente, aumentou sua produção 44,3% no período analisado). Ou seja: as universidades apontadas como "balbúrdia" estavam produzindo ciência mais rapidamente do que a média nacional! Os dados são da base internacional *Web of Science*.

As três federais criticadas pelo governo são universidades com mais de 50 anos. São consideradas antigas para os padrões do nosso ensino superior brasileiro, que é bastante jovem, e com grande potencial de influenciar academicamente as escolas mais recentes. Também são universidades "plenas" porque contam com programas de pós-graduação em todas as áreas do conhecimento. É como se, com base em sua afirmação de que quase não há ciência no Brasil, o governo mostrasse que desconhece por completo a atuação das universidades do país ou que estava mal-intencionado (propositadamente disseminando informações falsas). Os dois cenários preocupam.

E não parou por aí. Na sequência, Abraham Weintraub voltou à cena e passou a falar sobre uma suposta improdutividade e uma inutilidade das ciências humanas e áreas correlatas no Brasil em comparação, por exemplo, às ciências exatas. O ministro da Educação falou sobre isso em audiências com deputados e com senadores ao longo do mês de maio de 2021. As explanações sustentariam propostas de cortes de verbas públicas especificamente nessas áreas do conhecimento. O discurso era endossado pelo ex-presidente Jair Bolsonaro.

Analisadas individualmente, vemos que as áreas que se tornaram alvo do antigo governo — novamente — cresceram em produção de artigos científicos mais do que a média nacional em uma década. A produção científica das ciências sociais aplicadas, das humanidades e da linguística cresceram aceleradamente de 2008 a 2017: respectivamente, 77%, 123,5% e 106%. Para se ter uma ideia, o número de artigos acadêmicos em ciências agrárias do país cresceu 51,6% no mesmo período.

Ciências humanas

Em comparações internacionais em cada uma das áreas do conhecimento, o Brasil não ia nada mal. Estava, na época, entre os 13 países que mais publicam em ciências sociais aplicadas, 21° em ciências humanas e o 30° em linguística. Isso considerando apenas artigos científicos. O salto recente do país na produção acadêmica de artigos científicos em humanas fica ainda mais impressionante se considerarmos, afinal, como se dá a ciência nesse campo: as humanidades publicam mais resultados de seus estudos em capítulos de livros e em livros inteiros do que em periódicos científicos. Isso é de conhecimento no meio acadêmico. Na prática, comparar áreas diferentes da ciência como se todas produzissem da mesma forma e no mesmo ritmo — como fez o ex-ministro — mostra desconhecimento de como se comportam a ciência e suas áreas de pesquisa.

Para avaliar a produção de áreas como a sociologia seria preciso colocar a publicação de livros na conta — coisa que o governo, na época, não tem fez. Mas a gente fez[12]! Vimos que, nos últimos anos, dois em cada três livros ou capítulos de livros acadêmicos publicados por pesquisadores do Brasil eram de humanas, de linguística e de ciências sociais aplicadas. As informações são da Capes, agência federal ligada à pasta de Weintraub (os dados são de 2013 a 2016). Sociólogos, linguistas, economistas, especialistas em direito e filosofia, entre tantos outros, publicaram juntos uma média de 167 livros ou capítulos de livros por dia no período analisado.

Áreas como ciências biológicas, ciências da saúde e engenharias tiveram decréscimo na produção de livros e capítulos de livros no período analisado. Já as publicações de humanas cresceram 16% — as de ciências sociais aumentaram 28,8% na mesma fase.

O foco das humanidades nos livros se repete globalmente. Também em países desenvolvidos, o número de artigos científicos em uma área como a sociologia será sempre menor do que, por exemplo, os estudos da biologia. Há uma menor quantidade de periódicos científicos nas humanidades na base *Web of Science* em comparação a outras áreas — e essas publicações costumam ter menos estudos por edição do que as chamadas ciências duras. O fluxo da produção do conhecimento é diferente.

O ministro da Educação ressaltou também que as áreas de humanas no Brasil iriam mal porque teriam pouca relevância. Seriam pouco mencionadas em novos estudos. Acontece que, novamente, as áreas da ciência se comportam de maneira diferente.

---

[12] Ver: https://www1.folha.uol.com.br/ilustrissima/2019/06/ciencias-humanas-levam-brasil-a-elite-da-producao-cientifica.shtml.

Em primeiro lugar, menções a livros e a capítulos de livros não entram em métricas oficiais de impacto da produção científica. Logo, a produção de conhecimento concentrada em periódicos científicos terá mais citações, obviamente, do que aquelas que priorizam a publicação de livros.

Mais do que isso: algumas áreas da ciência são mais citadas do que outras justamente por serem mais internacionalizadas. Ora, grandes estudos em colaboração global, por exemplo de astronomia, tendem a publicar seus achados em inglês. Isso aumenta significativamente a chance de menções por outros trabalhos acadêmicos no futuro. Em geral, não é assim que se comportam as humanidades — em nenhum lugar do mundo. Essas publicações tendem a priorizar a língua materna de seus países.

A título de exemplo: um estudo de biologia celular costumava ser citado, em média, naquela época, 3,3 vezes nos cinco anos que seguem a sua publicação (o que é chamado de fator de impacto). Já nos periódicos científicos de história, a taxa caia para 0,4 no mesmo período. Isso no mundo todo, não apenas no Brasil.

Estudos de ciências "duras", como as exatas, tendem a ser mais mencionados por novos trabalhos tão logo sejam publicados. Viram uma referência, motivam novos trabalhos e promovem um avanço em uma área específica por um tempo determinado (e relativamente curto). Já nas humanas, os resultados são mais lentos e a "vida útil" das pesquisas é maior. Isso significa que grandes trabalhos (em geral livros) de grandes sociólogos, filósofos ou juristas podem levar um tempo para ser citados, mas poderão ser mencionados em novos textos por mais de uma década.

Os ataques do governo à produção científica de humanas vieram logo depois de uma proposta, anunciada em abril de 2021, de redução de investimentos do MEC em cursos de sociologia e filosofia, para priorizar áreas como engenharias e veterinária. A proposta foi considerada ilegal e inconstitucional, já que fere a autonomia universitária garantida pela Constituição de 1988 e regulamentada pela LDB de 1996.

Na prática, cabe às universidades decidirem quais cursos irão manter, cortar ou expandir. O argumento foi de que essas áreas não teriam "retorno imediato ao contribuinte" (sem deixar claro o que seria isso; se considerarmos como um resultado para o contribuinte a produção científica especificamente nas humanidades e a participação brasileira na produção de ciências humanas no mundo, no entanto, seriam necessárias novas justificativas).

Ricardo Galvão e Marcus Lacerda

Os ataques à ciência e às instituições científicas, claro, não pararam por aí. Chegaram a ter nome e sobrenome de cientista — como no caso do ex-diretor do INPE (Instituto Nacional de Pesquisas Espaciais) Ricardo Galvão que, ao divulgar dados de aumento do desmatamento da Amazônia em junho de 2019, foi acusado de estar mentindo, manchando a imagem do país e estar "a serviço de ONGs". Esses dados são baseados em imagens de satélite obtidas diariamente pelo Inpe. As informações são utilizadas por cientistas que estudam o desmatamento em todo o mundo. Ricardo Galvão acabou exonerado.

O INPE tem produção científica crescente e de impacto acima da média nacional — metade dela produzida com parceiros internacionais importantes, como a NASA (agência espacial americana). Na época em que fora criticado por

Bolsonaro, o instituto publicava, em média, um resultado científico por dia em áreas como astrofísica, engenharia espacial e sensoriamento remoto, o que inclui trabalhos sobre desmatamentos na Amazônia, alvo das críticas de Bolsonaro. Metade desses novos estudos era feita em parceria com instituições importantes mundo afora.

Mais do que isso, os estudos do instituto servem como referência para novos trabalhos científicos brasileiros e estrangeiros. A cada dez novas menções a pesquisas publicadas por cientistas do Inpe, quatro apareciam em trabalhos de pesquisadores de fora do Brasil. O CNRS (Centro Nacional de Pesquisa Científica, na sigla em francês), o Max Planck (da Alemanha) e, novamente, a NASA estão entre as instituições que mais citam o instituto. Isso faz com que, em média, cada trabalho do INPE seja mencionado 5,9 vezes em trabalhos científicos subsequentes. O número está bem acima da média de impacto dos trabalhos acadêmicos feitos no Brasil: 0,9, de acordo com o relatório de impacto do *Nature Index* de 2019.

Vale lembrar que citações são consideradas indicativo de qualidade dos trabalhos científicos, especialmente nas chamadas ciências duras. Entende-se que estudos muito mencionados em novas pesquisas são uma referência para sua área do conhecimento. Os dados mostram ainda que a ciência produzida pelo INPE cresceu 24% nos cinco anos analisados (de 2013 a 2017). Foram mais de dois mil estudos novos nesse período.

Emblemático, o ataque a Ricardo Galvão não foi único. Vale lembrar também do que passou Marcos Lacerda, infectologista da Fiocruz Amazônia e coordenador do Instituto de Pesquisa Clínica Carlos Borborema em Manaus (AM). Ele foi coautor de estudo publicado em 2021, no prestigioso periódico Nature, em colaboração com mais de 20 países, que mostrou que a cloroquina poderia levar a arritmias importantes nos pacientes de covid-19[13]. Foi o primeiro trabalho de peso a fazer esse alerta Por conta desse resultado, chegou a ser ameaçado, precisou andar com escolta e teve uma condecoração cancelada por Bolsonaro em 2021[14].

Lacerda tinha toda uma trajetória dedicada à malária e, justamente por isso, conhecia muito bem o antimalárico cloroquina — e seu histórico de risco cardíaco. Resolveu estudá-la para covid-19 na onda de pesquisadores de todo mundo (como veremos neste livro, a cloroquina foi a droga mais investigada para covid-19). Ele foi o primeiro cientista com autorização para testar o fármaco no país.

Lacerda e seus colegas não queriam provar que a droga *não* funcionava para covid-19, ao contrário: a hipótese é que doses mais altas funcionariam melhor para a doença. Só que os episódios cardíacos rapidamente fizeram mudar o rumo da pesquisa. A história dessa pesquisa está muito bem contada no quinto capítulo de "*Cloroquination*" (2022), que, inclusive, entrevistou Marcus Lacerda. Talvez seja um dos episódios negacionistas mais tristes e marcantes da nossa história recente.

Corte de recursos

Como comentamos há pouco, drenar fontes de recursos é uma das práticas institucionais negacionistas para

---

[13] *Mortality outcomes with hydroxychloroquine and chloroquine in COVID-19 from an international collaborative meta-analysis of randomized trials.* DOI 10.1038/s41467-021-22446-z. Publicado na Nature Communications em abril de 2021.

[14] Dois anos mais tarde, em julho de 2023, Marcus Lacerda recebeu do presidente Luiz Inácio Lula da Silva a condecoração da Ordem Nacional do Mérito Científico (ONMC).

inviabilizar a ciência. E, claro, também se viu muito disso por aqui no governo Bolsonaro.

Aqui, no entanto, é importante uma ressalva: reduzir verbas para ciência é sempre ruim, mas *não* é sinônimo de negacionismo em um governo. Isso pode acontecer devido a uma série de fatores sociais e econômicos como queda de arrecadação fiscal etc. Mas quando o corte de recursos vem a galope, em grandes facadas, sem negociação e aliado a uma pauta negacionista de ataque à ciência, então não restam dúvidas: o objetivo central era minar as atividades das instituições científicas.

De acordo com CIÊNCIA, Centro de Estudos e levantamento de dados do SOU_CIÊNCIA e *Think Tank* sobre Sociedade, Universidade e Ciência, sediado na Unifesp (Universidade Federal de São Paulo), o orçamento anual liquidado da Capes (Coordenação de Aperfeiçoamento de Pessoal de Nível Superior), ligada ao MEC, teve uma queda de 69,65% de 2015 e 2021. Antes disso, houve estabilidade orçamentária entre 2000 e 2009, tendo, a partir de então, registrado uma forte elevação de recursos até 2014 — especialmente nos anos do auge do programa federal de intercâmbio Ciência Sem Fronteiras[15]. Isso pode ser visto no gráfico a seguir.

---

[15] Ciência sem Fronteiras foi um programa de intercâmbio em pesquisa na graduação e pós-graduação no Brasil criado em 2011 pelo primeiro governo Dilma Rousseff (2010-2013) para incentivar a formação acadêmica no exterior. O programa foi encerrado em 2017, já na gestão Michel Temer (2016--2018) depois de ter concedido mais de 100 mil bolsas no exterior e de um investimento de cerca de R$ 13 bilhões. http://portal.sbpcnet.org.br/noticias/o-fim-do-ciencia-sem-fronteiras-depois-de-r-13-bilhoes-investidos-em--bolsas-no-exterior/.

Figura 4.

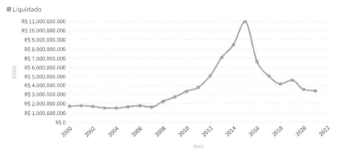

Fonte: SOU_CIÊNCIA.[16]

Já o orçamento anual liquidado da principal agência de fomento federal do Brasil, o CNPq (Conselho Nacional de Desenvolvimento Científico e Tecnológico) — ligada ao Ministério de Ciência, Tecnologia e Inovações — teve queda de 65,31% de 2013 a 2021. Antes disso, houve queda de 20% entre 2000 e 2001, estabilidade até 2008 e tendência de alta até 2013.

---

[16] Ver https://souciencia.unifesp.br/paineis/financiamentodacienciaetecnologia.

Figura 5.

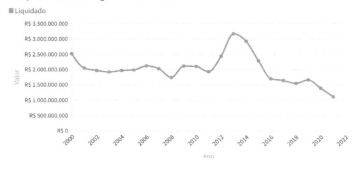

Fonte: SIOP; IPEADATA;Unidade Orçamentária: 24201 - Conselho Nacional de Desenvolvimento Científico e Tecnológico + 93186 - Recursos do Conselho Nacional de Desenvolvimento Científico e Tecnológico(24201)

Fonte: SOU_CIÊNCIA.[17]

Em 2019, o CNPq correu o risco de não ter nem mais recursos para pagar os cerca de 80 mil bolsistas financiados pelo órgão. Vale lembrar: bolsas de pesquisa são uma espécie de "salário" pago a cientistas em formação — da graduação à pós — para que trabalhem com exclusividade em ciência. São eles que sustentam a produção científica nacional, feita, sobretudo, nas universidades públicas. O órgão já havia congelado as bolsas "especiais", voltadas para quem já é cientista e tem alto nível de produção acadêmica, caso de quem está no pós-doutorado. O aporte à realização de eventos científicos também tinha sido suspenso.

O colapso do CNPq prejudicaria sobretudo as pesquisas nas chamadas ciências duras. Quase metade dos trabalhos

---

[17] Ver https://souciencia.unifesp.br/paineis/financiamentodacienciaetecnologia.

em ciências exatas e da terra publicados em 2017 com aporte de recursos de agências de fomento à ciência tiveram verba do CNPq. Pelo menos seis em cada dez trabalhos de brasileiros publicados em 2017 com aporte de recursos de agências de fomento à ciência tiveram verba do CNPq, de acordo com informações coletadas na base internacional de periódicos *Web of Science* em 2019[18].

Os dados mostram 21.569 novos trabalhos acadêmicos de pesquisadores do Brasil desenvolvidos com verba do CNPq em 2017. Isso representava um terço de toda a ciência do país no mesmo ano. Para se ter uma ideia, foram quase 60 novos trabalhos por dia de cientistas brasileiros com participação da agência federal.

Em um deles, por exemplo, os pesquisadores brasileiros exploraram a aplicação de células-tronco em doenças cardíacas — a principal causa de morte no Brasil. Apenas em 2017, há 51 estudos novos especificamente sobre zika vírus com financiamento do CNPq. Praticamente uma nova descoberta sobre a doença por semana. A verba destinada a essas pesquisas pode, por exemplo, ter sido usada para comprar insumos e equipamentos de laboratório para experimentos.

Sem dinheiro para luz

Os cortes de recursos públicos para ciência vieram de todos os lados — também do MEC (Ministério da Educação), responsável pelo dinheiro usado em custeio e manutenção das universidades federais brasileiras. É desse caixa que sai a verba para, por exemplo, pagar limpeza das instituições, segurança e conta de energia elétrica.

---

[18] Ver https://www1.folha.uol.com.br/ciencia/2019/08/sob-risco-de-colapso-cnpq-financia-um-terco-da-ciencia-nacional.shtml

Para se ter uma ideia, em maio de 2021 a UFRJ — uma das maiores e melhores universidades do país, também uma das primeiras instituições que chamamos de "universidade" no Brasil — anunciou, em coletiva de imprensa, que faltava recursos até para pagar conta de energia. A coautora deste livro, Sabine Righetti, tratou do tema na época em análise para a Folha[19].

A universidade tinha, na época, um orçamento projetado neste ano de R$ 383 milhões para arcar com serviços de limpeza, de segurança e com despesas ligadas às suas atividades mínimas de ensino, pesquisa e extensão.

O problema é que o orçamento federal previsto para a universidade foi de R$ 299,1 milhões em 2021 — e menos da metade dos recursos está, de fato, disponível para execução (R$ 146,9 milhões). Dez anos antes, a UFRJ tinha 2,5 vezes mais recursos para custeio e manutenção do que o previsto neste ano (que, vale lembrar, pode nem ser totalmente implementado): em 2012, a universidade tinha R$ 773 milhões em caixa.

Com a quantia que tem disponível em caixa, a UFRJ conseguiria operar até o meio do ano. Depois disso, não tem mais como pagar suas contas básicas — e pode fechar as portas: nove hospitais universitários, treze museus e mais de 1.450 laboratórios de pesquisa, em atividades que reúnem mais de 60 mil alunos na graduação e na pós. Isso em plena pandemia.

Parar a UFRJ naquele momento significava interromper leitos de UTI para covid-19 e inviabilizar, por exemplo, pesquisas em andamento para o desenvolvimento de novas

---

[19] Ver https://www1.folha.uol.com.br/educacao/2021/05/nenhum-pais--do-mundo-enfrenta-covid-parando-uma-de-suas-melhores-universidades-por--falta-de-verba.shtml.

CIÊNCIA ESMAGADA | 73

formas de diagnóstico e de uma possível vacina nacional contra o coronavírus.

Isso sem contar as pesquisas em andamento em outros temas. Antes da covid-19, a UFRJ já se destacava por trabalhos de excelência mundial em áreas como petróleo. Também foram pesquisadores da universidade que fizeram o genoma do zika vírus e que compreenderam os danos que o micro-organismo causa no cérebro —só para citar alguns exemplos.

Ciência sob guerra

Os ataques desenfreados à ciência nos últimos anos no país, traduzidos em ataques institucionais e cortes de recursos públicos para pesquisa, aliados a toda onda crescente negacionista, infelizmente, começou a mostrar resultados. O Brasil teve uma queda inédita na sua produção científica mundial em 2022: um decréscimo de 7,4% no número de artigos científicos publicados em comparação ao ano anterior (2021).

A queda na quantidade de ciência brasileira em 2022 se assemelha à da Ucrânia, país que entrou em guerra naquele ano. Brasil e Ucrânia tiveram a maior perda de produção científica entre os países analisados. Trocando em miúdos, no Brasil, o efeito do governo negacionista para a área científica foi similar ao de uma guerra.

Os dados são do relatório "2022: um ano de queda na produção científica para 23 países, inclusive o Brasil", da Elsevier com a Agência Bori, do qual nós somos coautores pela Bori, ao lado de Carlos Henrique de Brito Cruz (Elsevier)[20].

---

[20] O relatório "2022: um ano de queda na produção científica para 23 países, inclusive o Brasil" teve colaboração de Natália Flores e Ana Paula Moraes (Agência Bori) e Carolina Silva, Fernanda Gusmão e Ana Luisa Maia (Elsevier).

Foram analisados todos os países que publicaram mais de 10 mil artigos científicos em 2021 — em um total de 51 países. O que se viu foi que a produção científica mundial cresceu 6,1% em 2022 em relação ao ano anterior, especialmente puxada por países como China e Índia, que aumentaram sua produção científica em torno de 20% de 2021 para 2022.

Apesar do saldo global positivo, 23 países tiveram queda no número de artigos científicos publicados em 2022 em relação a 2021 — incluindo, de maneira inédita, o Brasil. O país vinha crescendo sua produção de artigos anualmente desde que os dados começaram a ser tabulados (em 1996).

Figura 6.

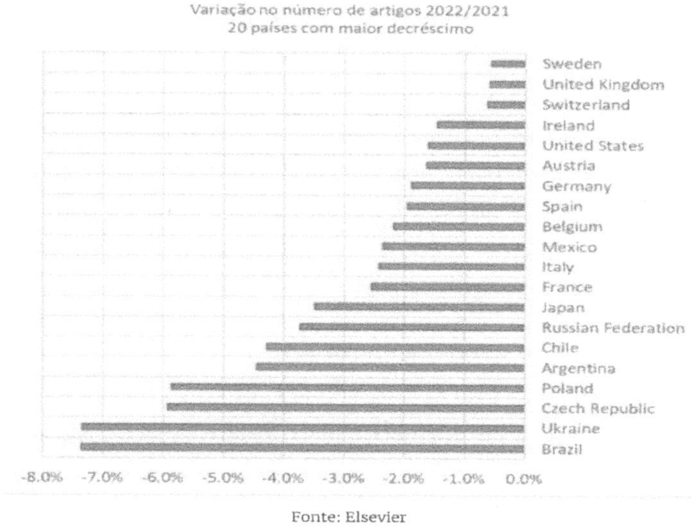

Fonte: Elsevier

Fonte: Relatório "2022: um ano de queda na produção científica para 23 países, inclusive o Brasil" (Elsevier-Bori, 2023).

Perder ritmo de produção científica significa produzir menos conhecimento e menos soluções para questões como tratamento de doenças, melhora no plantio ou enfrentamento da violência urbana. Nenhum país se desenvolve sem forte produção científica.

No Brasil, praticamente todas as instituições de pesquisa do país sofreram redução importante na produção científica em 2022 em relação a 2021. Foram consideradas as instituições de pesquisa do país com mais de mil artigos científicos publicados em 2021 — o que resultou em um total de 35 analisadas.

A quantidade de publicações científicas, claro, mostra apenas uma das dimensões da capacidade científica de um país. Outros indicadores precisam ser analisados, como, por exemplo, a quantidade e qualidade dos estudantes formados (também houve queda de concluintes de doutorado) ou o número de patentes. O que se sabe, no entanto, é que nenhum país do mundo consegue aumentar a sua ciência com cientistas e instituições sob ataque — e que não há país do mundo desenvolvido sem uma ciência parruda.

3.
Formas de Negacionismo

"Não é lícito esquecer, não é lícito calar. Se calar-mos, quem falará? Certamente não os culpados e seus cúmplices."

Primo Levi (2015:208)

O negacionismo científico se dá em muitas formas — tantas que seria impossível tratar de todas em apenas um livro. Seria difícil montar uma lista completa de todos os consensos científicos rotineiramente enfrentados pela crença em conceitos radicais e controversos. Vamos, então, abordar aqui alguns exemplos bem simbólicos de negacionismo científico, que são bastante abordados pela literatura científica da área.

A negação do Holocausto é ponto de partida obrigatório para essa discussão. Como vimos, o próprio termo "negacionismo" surge a partir da definição de indivíduos e grupos que negavam um fato histórico amplamente documentado e relatado: o genocídio deliberado de judeus em campos de extermínio do regime nazista durante a Segunda Guerra Mundial.

Antes mesmo da negação do Holocausto ganhar forma — e do surgimento do conceito "negacionismo" — outra forma importante de negacionismo ganhava forma: a negação das evidências de que o consumo de cigarro crescia no mesmo ritmo de outra epidemia: a de câncer de pulmão.

Por décadas, a indústria tabagista criou uma narrativa com base em estudos científicos isolados e controversos de que o cigarro não fazia mal à saúde e que não viciava — o que atrasou políticas públicas na área e que reverbera até hoje (vale lembrar que Olavo de Carvalho, guru de Bolsonaro, morto em 2022, dizia recentemente que cigarro não fazia mal, que isso era "empulhação da Indústria Farmacêutica" e que fumar "faz bem para a atividade cerebral e diminui o colesterol").

Também é inevitável falar do talvez maior negacionismo científico da atualidade: das mudanças climáticas em curso, que são causadas pelas atividades do homem no planeta. Sem dúvida, esse tema é um dos mais estudados dentre quem se dedica a compreender o movimento negacionista — com o adicional de que, diferente do que aconteceu com a negação dos malefícios do tabaco e do Holocausto, a negação das mudanças climáticas ganha tração nos movimentos crescentes de direita e amplitude significativa nas redes sociais.

Por fim, visitamos, neste capítulo, duas formas de negacionismo fortemente baseadas em teorias da conspiração: o terraplanismo e a ideia de que a ida do homem à Lua no final da década de 1960 foi uma grande invenção.

FORMAS DE NEGACIONISMO | 79

Parecem piada, mas são temas que precisam ser levados a sério. Isso porque também se valem de termos científicos ("satélites", "estudos" e afins) para negar o consenso — e isso pode confundir bastante as pessoas e a percepção social da ciência até pessoas bem informadas e que dialogam com a ciência. E, em um contexto de infodemia, em que diferentes atores — com ou sem especialização científica — disputam espaço na difusão de narrativas sobre ciência, a confusão é garantida.

De maneira paradoxal, como vimos anteriormente, a negação do consenso científico muitas vezes utiliza uma espécie de "verniz científico": estudos científicos pontuais "que nadam contra a corrente", termos científicos aleatórios e evidências anedóticas, baseadas em uma experiência ou observação pessoal, coletadas de maneira casual ou não sistemática, geralmente com uma falsa relação de causa e efeito. Lembra que na CPI da covid-19 expressões como estudo "randomizado" e "metanálise" apareceram mais nas falas negacionistas do que na dos demais depoentes? É disso que se trata (Soares et al., 2023).

As principais formas de negacionismo da atualidade, como vimos, podem nem ter a ver com a ciência propriamente dita. É como se negassem o consenso científico porque ele diz algo contrário ao que eu acredito ou que quero acreditar, ao meu alinhamento político ou ideológico.

Linhas de pensamento tradicionalistas, conservadoras, neoliberais e anticomunistas, por exemplo, defendem atuação mínima do Estado e pregam de maneira enfática a liberdade individual. Ou seja: por princípio, governantes alinhados com esses conceitos e seus seguidores se colocam contra políticas públicas para, por exemplo, combater as mudanças climáticas, para estimular a vacinação ou para reduzir o consumo de cigarro. Negam, portanto, a ciência. Governos populistas de direita também tendem a se colocar contra a "elite" intelectual e acadêmica (repare que não estamos falando de elite financeira). São cientistas, instituições científicas e a ciência que eles representam. Essa forma de negação foi amplamente utilizada, por exemplo, no contexto da pandemia. Eles (cientistas, universidades, OMS e afins) estão dizendo que devemos ficar em casa por causa da covid-19, mas eu, governante, estou do lado do povo e vou manter o comércio aberto. Quem não se lembra disso? Vamos ao capítulo.

3.1. Negando o holocausto

A maioria dos trabalhos acadêmicos atuais que tentam compreender o negacionismo científico retomam o conceito criado pelo especialista em Segunda Guerra Mundial Henry Rousso. Como vimos, ele criou o termo "negacionismo" para se referir à negação do genocídio de milhões de pessoas — sobretudo judeus — no Holocausto. Essas pessoas se definiam como "revisionistas históricos". O termo é usado até hoje entre negacionistas que tentam negar fatos amplamente documentados para construir novas narrativas estratégicas sobre fatos do passado.

Quando os primeiros relatos sobre os campos de concentração e os campos de extermínio operantes no regime nazista começaram a vir à tona houve um mal-estar generalizado. Afinal, no coração da civilização europeia, desenhou-se um império baseado no extermínio em massa de milhões de pessoas.

O escritor italiano Primo Levi, sobrevivente de Auschwitz, famoso pela sua obra bastante rica sobre o Holocausto — como o clássico "É isto um homem?" (1988) —, tratou disso amplamente em seus livros. Levi é também coautor do "Relatório sobre a organização higiênico-sanitária do campo de concentração para judeus de Monowitz (Auschwitz – Alta Silésia)", um documento histórico elaborado na primavera de 1945 a pedido do Comando Russo daquele campo de ex-prisioneiros. O texto acabou publicado no seguinte na revista italiana Minerva Médica, um periódico científico da área médica publicado desde 1909.

Em "Assim foi Auschwitz" (2015), escrito em parceria com o médico Leonardo Benedetti, também sobrevivente, Levi aborda questionamentos gerais que eram feitos nos anos (e décadas) depois da guerra. "Por que falar ainda de atrocidades? Não são coisas passadas? Os alemães de hoje não mostraram que renegam seus erros? Por que semear mais ódio?" (Levi, 2015:86). É como se as pessoas estivessem saturadas das histórias de horror que os poucos sobreviventes contavam e que os documentos históricos mostravam: câmaras de gás, trabalho forçado, todos os direitos violados.

A negação do Holocausto, no entanto, vai muito além desse "incômodo". Não se trata de evitar ouvir que a humanidade foi capaz de exterminar milhões de pessoas do planeta. Trata-se de negar, de variadas formas, que isso *realmente* aconteceu.

Os argumentos são variados. Negacionistas do Holocausto afirmam, por exemplo, que o número de seis milhões de judeus mortos estaria superestimado. Dizem que as mortes dos judeus aconteceram em razão da guerra (fome e doença) e não nos campos construídos para o seu extermínio. Dizem que as câmaras de gás nunca existiram ou que Hitler não tinha conhecimento de sua existência. Também alegam que o Holocausto teria sido uma invenção dos judeus para legitimar o movimento sionista. E por aí vai. De todas as formas de negacionismo científico, a negação do Holocausto, sem dúvida, assume as formas mais cruéis.

Antissemitismo

Acontece que há uma imensidão de documentos sobre o período que comprovam, com folga, os horrores daquele período. E, apesar de pouquíssimos terem sobrevivido ao Holocausto (menos de 5% dos que foram deportados não tem de Primo Levi, por exemplo, sobreviveram a Auschwitz), os testemunhos são vastos — como os trazidos por Primo Levi.

Aqui reproduzimos um trecho (e recomendamos fortemente a leitura de sua obra): "Não é fácil transmitir com palavras o que é viver num campo de concentração. Pior ainda é ser breve. Dizemos fome, mas é uma coisa diferente da fome de que todos conhecem. Dizemos cansaço, mas na vida comum ninguém sente esse cansaço. Dizemos frio, mas até o mendigo mais humilde encontra uma maneira de se cobrir" (Primo Levi, em "Assim foi Auschwitz", 2015:96; trecho adaptado por nós).

Para Deborah Lipstadt, professora de Estudos Judaicos Modernos e do Holocausto na Universidade Emory (EUA), negar o Holocausto é uma forma de antissemitismo "puro e simples". "O Holocausto tem a duvidosa distinção de ser o genocídio mais bem documentado da história humana.

FORMAS DE NEGACIONISMO | 83

Há tantas evidências, em todos os locais, que você se pergunta: se todas estas evidências existem, por que as pessoas as negam? O que há nelas para que neguem o Holocausto? O único motivo para se negar o Holocausto é o de inculcar e cultivar o antissemitismo", disse, em 2007, em entrevista ao podcast *"Voices on Antisemitism"* ("Vozes sobre o Antissemitismo") do *Holocaust Memorial Museum* dos EUA[21].

Lipstadt é um nome conhecido no contexto de negação do Holocausto. Ela foi processada por difamação por ter mencionado o britânico David Irving como um *negacionista do Holocausto* em seu livro *"Denying the Holocaust: The Growing Assault on Truth and Memory"* ("O Crescente Ataque à Verdade e à Memória", de 1994). Irving dizia, desde o final da década de 1980, que tinha evidências de que o Holocausto nunca acontecera — daí a menção dele no livro. O julgamento por difamação durou 12 semanas — e Lipstadt venceu.

"Aquilo foi, de fato, um golpe mortal para os negadores do Holocausto demonstrando que aquele evento não é uma questão de opinião, mas de pessoas que tentam abertamente desvirtuar a história", disse Lipstadt ao mesmo podcast do *Holocaust Memorial Museum.*

Toda essa história foi publicada em outro livro dela, "Negação: uma história real" (2017), que também virou um filme homônimo. A negação do Holocausto, no entanto, não terminou com o julgamento de Lipstadt — e segue preocupando cientistas de todo o mundo. O tema, inclusive, tem crescido na literatura científica recente.

Nos últimos dez anos, o número de publicações especificamente sobre negacionismo científico no âmbito do

---

[21] Ver https://www.ushmm.org/antisemitism/podcast/voices-on-antisemitism/deborah-lipstadt.

Holocausto aumentou cinco vezes. Em 2022 foram publicados 40 artigos científicos especificamente sobre esse assunto em todo o mundo.

Figura 7.

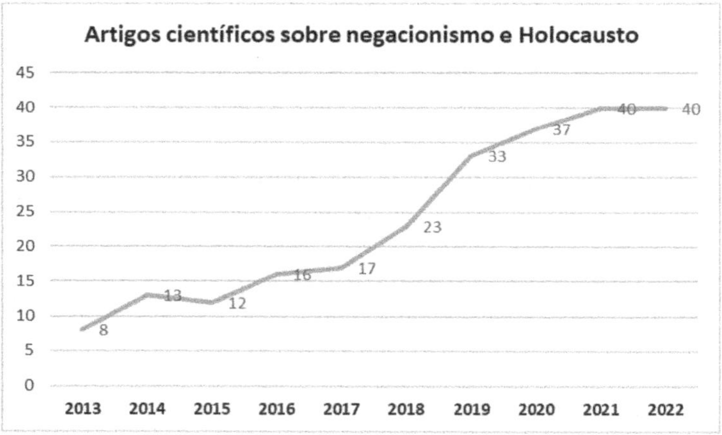

Fonte: Web of Science 2013-2022 (mundo).

Sobreviventes do Holocausto como Primo Levi sempre insistiram que é preciso falar amplamente sobre esse episódio terrível da nossa história para que nunca mais se repita: "Não é lícito esquecer, não é lícito calar. Se calarmos, quem falará? Certamente não os culpados e seus cúmplices" (Primo Levi, em "Assim foi Auschwitz", 2015:208). Silenciar já seria grave, negá-lo, então, é inconcebível.

Revisionismos no Brasil

A negação de fatos históricos também dá suas caras no Brasil — e é tão preocupante que os cientistas têm olhado de maneira significativa para o tema. Para se ter uma ideia, de acordo com dados da *Web of Science*, um em cada dez artigos científicos publicados por pesquisadores brasileiros sobre negacionismo em 2021 e 2022 abordaram, de alguma maneira, revisionismos históricos no contexto do país. Ou seja: é um assunto que os cientistas brasileiros estão realmente tentando compreender.

Há pelo menos dois fenômenos negacionistas relevantes no Brasil que se disfarçam de revisionistas: a negação da responsabilidade europeia no contexto da escravidão da população negra africana no Brasil e a negação dos crimes cometidos pela ditadura militar (1964-1985). Ambos circulam de mãos dadas no fluxo da desinformação na internet e, muitas vezes, ganham espaço até na imprensa tradicional.

São explorados, por exemplo, em produções revisionistas em espaços como o canal "Brasil Paralelo" no YouTube — que, em agosto de 2023, reunia quase 3,5 milhões de inscritos. Chegam, portanto, a muita gente. O canal foi analisado em trabalho de Isabella Ferreira Luiz, da UEL (Universidade Estadual de Londrina), que verificou, por exemplo, negação sobre origem étnica no discurso negacionista sobre a escravidão e exaltação a generais e ao exército acompanhado da "defesa da moral e dos bons costumes".

A presença do negacionismo histórico na grande imprensa foi estudada pelo historiador André Gobi na sua pesquisa "História comunicada: percepção pública do conhecimento histórico e sua presença na imprensa" conduzida no Laboratório de Estudos Avançados em Jornalismo

(Labjor-Unicamp). O trabalho tem orientação da coautora deste livro, Sabine Righetti, no âmbito da pós-graduação em Divulgação Científica e Cultural da Unicamp[22].

Gobi olhou, por exemplo, para o material do jornalista e escritor Leandro Narloch, autor de "Guia Politicamente Incorreto da História do Brasil" (2011) e colunista da Folha de S.Paulo. Entre suas narrativas preferidas, encontrou temas como escravizados que escravizaram e acumulavam riquezas e índios que engabelaram jesuítas traficando produtos naturais e ateando fogo à floresta.

Como escreve Rodrigo Perez Oliveira, professor de Teoria da História na Universidade Federal da Bahia (UFBA): "Narloch se apresenta no texto como denunciador das mentiras que teriam sido contadas pelos 'historiadores marxistas'. É como se estivesse sussurrando no ouvido de seus leitores: 'Venham que vou contar pra vocês a história verdadeira'"[23]. Novamente: é uma narrativa ideológica

No contexto do negacionismo histórico no Brasil, claro, também voltamos a Jair Bolsonaro. Antes mesmo de ser eleito, em 2018, o então presidenciável responsabilizou os próprios negros pelo tráfico negreiro que perdurou do século 16 ao 19, levando de forma forçada cerca de 12 milhões de africanos às Américas — quase metade disso especificamente ao Brasil.

Na época, em entrevista ao programa Roda Viva, da TV Cultura, Bolsonaro afirmou que "o português nem pisava na África". "Foram os próprios negros que entregavam os

---

[22] GOBI, A. História comunicada: percepção pública do conhecimento histórico e sua presença na imprensa. Dissertação de mestrado. Programa de Pós-Graduação em Divulgação Científica e Cultural, Campinas-SP (em desenvolvimento).

[23] O negacionismo histórico de Leandro Narloch. Jornalistas Livres: https://jornalistaslivres.org/o-negacionismo-historico-de-leandro-narloch/.

FORMAS DE NEGACIONISMO | 87

escravos", disse. A declaração foi feita diante de um questionamento do diretor da ONG Educafro, Frei David, sobre cotas raciais.

A fala de Bolsonaro vai totalmente contra o conhecimento histórico sobre o tema. Omite que o modelo de escravidão comercial que promoveu a colonização das Américas foi criado pelos europeus e que gerou conflitos no território africano. O Brasil foi ainda o último país das Américas a abolir a escravidão, em 1888. Na época, a declaração de Bolsonaro foi elogiada por Narloch, que acabamos de mencionar[24].

O ex-governo brasileiro oficializou a política de celebrar o dia 31 de março (data do golpe militar) e pregava que a ditadura "salvou o Brasil", "sustentou a democracia" e "pacificou o país" — entre outras afirmações totalmente contrárias às evidências históricas. De acordo com o relatório final da Comissão Nacional da Verdade, 434 pessoas morreram ou desapareceram durante a ditadura militar no Brasil — e um número incontável foi torturado durante o período.

3.2. Negacionismo climático

Há algumas décadas, a ciência climática mundial acumula um vasto conjunto de evidências que mostram uma acelerada mudança no clima global. O consenso é claro: o impacto da ação humana por meio da queima de combustíveis fósseis elevou a temperatura do planeta em mais de 1°C desde o final do século 19. Ou seja: a crise climática

---

[24] Ver https://www1.folha.uol.com.br/colunas/leandro-narloch/2018/08/bolsonaro-acerta-sobre-a-africa-mas-erra-sobre-cotas.shtml.

é causada pela concentração atmosférica de gases de efeito estufa liberados pela humanidade ao longo dos últimos 150 anos.

Já estamos vendo as consequências das mudanças que causamos no planeta. E o problema é que a temperatura global vai continuar subindo se não fizermos nada para reverter esse cenário — e as consequências projetadas pelos cientistas são bem graves.

As mudanças no clima podem reduzir a capacidade agrícola na maioria das regiões de latitudes médias (incluindo o Brasil), diminuir a disponibilidade de água e aumentar o número de pessoas expostas a doenças transmitidas por vetores (como a dengue) e pela água (como a cólera). Isso além de causar fenômenos climáticos extremos como ondas de calor, incêndios, enchentes e secas extremas — que, aliás, já estamos vendo com bastante frequência (inclusive no Brasil). Invernos frios demais, seca em uma parte do planeta enquanto outra inunda. E por aí vai.

O consenso científico prega uma ação conjunta global para conter o aumento da temperatura média da Terra neste século em 1,5°C em relação aos níveis pré-industriais. A boa notícia (sim, ela existe!) é que isso ainda é possível. Alguns impactos, no entanto, já são irreversíveis.

Esse entendimento é importante porque sinaliza que é possível frear o ritmo da mudança do clima com políticas públicas e com mudanças importantes na nossa sociedade. Mas é preciso investir e promover essas mudanças — individuais e, principalmente, coletivas.

É justamente aí que termina o bom senso e começa o mecanismo científico. Como vimos, linhas tradicionalistas, conservadoras e neoliberais de pensamento defendem atuação mínima do Estado e pregam de maneira enfática a liberdade individual. Só que enfrentar as mudanças climáticas vai de encontro a isso.

Indo além: ambientalistas costumam ter imagem associada a valores de esquerda e até ao comunismo (como vimos, são chamados de "melancia": verdes por fora e vermelhos por dentro). E a ideia de "comunismo", mesmo que aplicada de maneira completamente equivocada, é algo que muitas linhas de pensamento querem combater — independentemente do que a ciência diga sobre o clima.

Talvez por isso é nessa área em que mais abundam as falsas controvérsias. A controvérsia científica, como vimos, é uma discussão ou disputa referente a uma questão sobre a qual muitos cientistas divergem. Já as falsas controvérsias científicas criam uma narrativa de disputa na ciência em campos em que há consenso científico. São ideias disseminadas de que a ciência tem diferentes interpretações sobre um fenômeno — como no caso da chegada do homem às Américas. Não é o caso da mudança do clima.

A quem promove falsas controvérsias sobre as mudanças climáticas chamaremos, neste livro, de negacionista — não de "céticos do clima", que dá ideia de questionamento com base em pensamento crítico. É negacionismo mesmo.

O tema é tão complexo que cientistas de diversas áreas têm investigado especificamente o "negacionismo climático" no âmbito dos estudos sobre desinformação. Só em 2022 foi publicado um estudo sobre o tema a cada três dias em todo o mundo.

Figura 8.

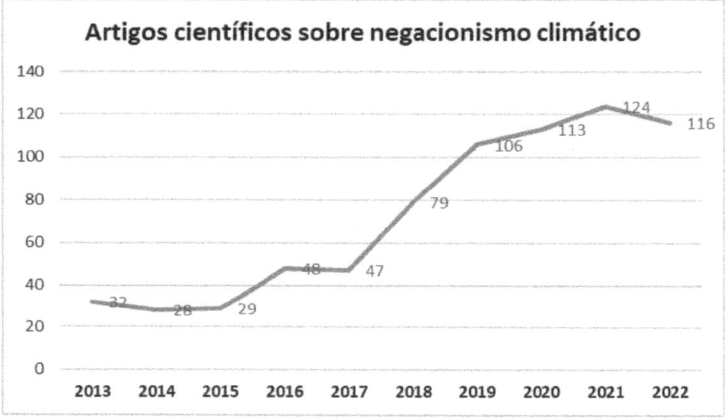

Artigos científicos sobre negacionismo climático

Fonte: Web of Science 2013-2022 (mundo).

Ciência do clima

Os primeiros alertas apontando para as mudanças do clima surgem já no final da década de 1970. A partir de uma revisão de estudos, um comitê da Academia Nacional de Ciências (NAS, em inglês) dos Estados Unidos publicou, em 1979, um relatório que dizia que se o dióxido de carbono (CO_2) seguisse aumentando no planeta não haveria motivo para duvidar de uma mudança no clima. Foi a primeira vez que a ciência associou de maneira tão clara o efeito estufa. Na época, a informação foi que "uma política de esperar para ver pode significar esperar até que seja tarde demais"[25].

---

[25] Ver https://g1.globo.com/Noticias/Mundo/0,,AA1443126-5602,00-CRON OLOGIA+SOBRE+A+MUDANCA+CLIMATICA+E+O+AQUECIMENTO+GL OBAL.html.

FORMAS DE NEGACIONISMO | 91

Naquele mesmo ano, outro marco: a realização da primeira Conferência Mundial sobre o Clima, organizada pela Organização Meteorológica Mundial na Suíça. O objetivo foi organizar grupos para analisar informações sobre o clima e sobre as mudanças climáticas.

Antes disso, em 1972, a ONU (Organização das Nações Unidas) já tinha organizado, na Suécia, uma conferência que resultou na chamada "Declaração de Estocolmo". O documento reuniu 23 princípios comuns para orientar a humanidade para a preservação e melhoria do ambiente. Entre eles: "os países deverão adotar todas as medidas possíveis para impedir a poluição dos mares", "as deficiências do meio ambiente decorrentes das condições de subdesenvolvimento e de desastres naturais ocasionam graves problemas" e "os Estados e as organizações internacionais deveriam adotar providências apropriadas, visando chegar a um acordo, para fazer frente às possíveis consequências econômicas nacionais e internacionais resultantes da aplicação de medidas ambientais".

Quem, naquela época, achou que o posicionamento da ONU — seguido pelo alerta da ciência — levaria a mudanças estruturais na nossa sociedade e a políticas públicas globais, estava enganado. O negacionismo climático começava ali mesmo e, como escreve Jean Carlos Hochsprung Miguel, já mencionado neste livro, reunia um conjunto de enunciados, práticas, interesses e elementos de diferentes naturezas que se associaram contra a ciência do aquecimento global naquele período.

"Indica-se, nas aparições do negacionismo climático dos Estado Unidos, uma rede constituída por um conjunto heterogêneo de elementos estrategicamente articulados. Com a participação de parte da grande mídia, a rede negacionista provocou um atraso de décadas na política climática norte-americana", escreve Miguel (2022:297).

Nas décadas de 1980 e 1990, houve uma espécie de "caçada aos ambientalistas" nos EUA, que seriam "comunistas disfarçados" (novamente, uma mistura de conceitos que esbarra em valores normalmente ligados à esquerda). Linhas tradicionalistas, conservadoras, neoliberais e anticomunistas não queriam a atuação do Estado e, tampouco, a liberdade individual reduzida.

Para piorar o cenário, cientistas considerados sérios — só que alinhados a grandes corporações do petróleo, por exemplo, — criaram falsas controvérsias científicas. Primeiro diziam que as mudanças climáticas estavam, sim, em curso, mas que era possível mitigá-las — e que seus impactos não seriam tão terríveis assim. Depois, as evidências das mudanças climáticas passaram a ser negadas, bem como o impacto da ação das atividades do homem no planeta. Disseram que a ONU propalou um "terrorismo ambiental".

Isso atrasou o avanço no debate climático em algumas décadas. Mais da metade das emissões de carbono do mundo foram liberadas na atmosfera *depois* que 168 nações concordaram em se unir contra a degradação ambiental, na Eco-92 (Wallace-Wells, 2019 em Santini e Barros, 2022). Os cientistas, no entanto, seguem alertando a sociedade.

IPCC

A Conferência Mundial sobre o Clima de 1979 levou à organização do IPCC (Painel Intergovernamental sobre Mudança do Clima da ONU). Fundado em 1988, o IPCC reúne milhares de cientistas de seus 195 países-membros — de várias áreas do conhecimento. São todos voluntários.

FORMAS DE NEGACIONISMO 93

O grupo compila, em relatórios, dados de estudos científicos já publicados para fornecer informações claras que ajudem os governos a criarem políticas públicas e estratégias eficientes para o enfrentamento das mudanças climáticas.

O relatório mais recente do IPCC, publicado em março de 2023, por exemplo, alerta que o planeta vive sob uma pressão climática sem precedentes, com alguns danos irreversíveis e um prazo curto para agir. No entanto, como vimos, ainda é possível conter os efeitos mais severos da crise climática.

A ideia é que as recomendações do painel guiem as políticas públicas e as negociações diplomáticas até o final desta década. O consenso científico é claro: as emissões de gases-estufa devem ser cortadas em pelo menos 48% até 2030 para que o mundo contenha o aquecimento global em até 1,5°C.

Assumir o discurso científico alinhado ao IPCC significava, desde que o painel foi criado, contrapor grandes corporações do petróleo, que, por sua vez, financiavam *think tanks* liberais que negavam a cientificidade da ciência das mudanças climáticas. A mudança em benefício do planeta não seria lucrativa.

Por isso, cientistas do IPCC costumam ser alvos constantes de ataques e de tentativas de descredibilização. Já houve até ataque *hacker* aos e-mails dos pesquisadores do painel, na tentativa de encontrar algo que pudesse prejudicá-los — o que ficou conhecido como "*climategate*".

Como sempre acontece na desinformação, o conteúdo dos e-mails dos pesquisadores foi descontextualizado, foram criadas falsas narrativas — e tudo isso foi espalhado para a imprensa, que acabou derrapando bastante nessa cobertura jornalística.

A história que se contava é que cientistas estariam sendo "alarmistas", "catastrofistas" e forjando dados para simular, de maneira exagerada, que o clima da Terra estava mudando por culpa nossa — ainda que nunca tenha ficado claro por que os cientistas teriam interesse em disseminar essa ideia (não que o negacionismo climática tenha de ter uma lógica, claro). O "climategate" ajudou a retardar ainda mais o debate tão necessário sobre as mudanças climáticas.

No Brasil

Assim como aconteceu nos Estados Unidos, o negacionismo climático no Brasil também ganhou força com cientistas considerados sérios disseminando ideias contra o consenso científico — inclusive em guarda-chuvas institucionais relevantes. E, para piorar, esses pesquisadores tiveram ainda mais espaço no governo de Jair Bolsonaro.

Isso foi amplamente detalhado por reportagem da Deutsche Welle publicada em junho de 2023 com o apoio do programa *Disarming Disinformation* e do Instituto Serrapilheira[26]. O trabalho, liderado pela jornalista ambiental Nádia Pontes, mostrou que os porta-vozes da desinformação ambiental no Brasil, ligados a instituições respeitadas, ganharam espaço e apoio de setores da economia para propagar mensagens que vão contra o consenso científico sobre as mudanças climáticas. Negam, por exemplo, que o CO_2 controle as temperaturas do planeta — um conceito básico da física (sim, o dióxido de carbono absorve radiação infravermelha ou térmica e leva ao aumento de calor).

---

[26] Ver https://www.dw.com/pt-br/como-negacionistas-influenciam-o-debate-ambiental-no-brasil/a-66064437.

Essas ideias, como mostra a Deutsche Welle, são amplamente disseminadas no Brasil por Ricardo Felício (ex-docente da USP, demitido em 2023 após abandono de cargo)[27], Luiz Carlos Molion (professor aposentado da Universidade Federal de Alagoas – Ufal) e Evaristo de Miranda (pesquisador da Empresa Brasileira de Pesquisa Agropecuária – Embrapa). O trio se apresenta como "pesquisador" (olha aí o argumento de autoridade!) Vale destacar que Felício também se autodenomina como "negacionista do aquecimento global" — inclusive em palestras.

As informações divulgadas pelo trio circulam em redes sociais, em palestras para públicos específicos (negacionistas) e em consultorias pagas, mas não integram os métodos tradicionais de fluxo da informação científica. Miranda, inclusive, é um nome diretamente relacionado com o setor do agronegócio. O trio influenciava diretamente o governo de Jair Bolsonaro.

Já nas suas primeiras semanas de mandato, Bolsonaro extinguiu a Secretaria de Mudanças Climáticas e Florestas do Ministério do Meio Ambiente (MMA). O que se viu na sequência foi uma série de ataques às instituições ambientais, científicas e não governamentais do país — lembrando que, no Brasil, ONGs têm um papel fundamental na proteção a florestas e a povos indígenas. A demissão de Ricardo Galvão, ex-diretor do INPE (Instituto Nacional de Pesquisas Espaciais), após a divulgação de dados sobre o aumento do desmatamento da Amazônia, tratada no capítulo anterior, é um exemplo simbólico desse processo. Galvão foi acusado de estar mentindo e manchando a imagem do país.

---

[27] Em 2018, Felício concorreu ao cargo de deputado estadual pelo então Partido Social Liberal (PSL), que elegeu o ex-presidente Bolsonaro.

Não por coincidência, além do trio de "cientistas negacionistas" já mencionados, um dos gurus de Bolsonaro, Olavo de Carvalho, era negacionista de carteirinha — e tinha as mudanças climáticas como um dos seus principais alvos. Já em 2007, quando escrevia para o jornal Diário do Comércio, publicou um artigo intitulado "Ciência ou palhaçada?", que associava o aquecimento global a uma "militância esquerdista" infiltrada nos organismos internacionais[28].

"A mobilização mundial para dar ares de verdade científica final à impossível teoria da origem humana do aquecimento global adquire dia a dia mais força, alimentada pela santa aliança da mídia chique, dos organismos internacionais, da militância esquerdista organizada e das grandes fortunas — os quatro pilares da estupidez contemporânea. A mais recente efusão de sapiência dessas criaturas é o manifesto "Defendam a Ciência", assinado por 128 professores universitários que, por motivos insondáveis, acreditam falar em nome de uma entidade mítica chamada "a ciência", escreve. "Mas só um trouxa completo ou um cérebro intoxicado de <u>maconha intelectual esquerdista</u> pode acreditar nessa patacoada" (Olavo de Carvalho, 2007) (grifos nossos).

Aqui, novamente, a prevalência da ideia de mudanças climáticas causadas pelo homem como uma ideia "esquerdista". Não era surpreendente que os principais pilares do governo Bolsonaro — eleito "para combater a esquerda" — fosse, claro, negacionista.

Mesmo que sejam negadas com veemência durante os últimos anos — contradizendo a ciência —, a percepção

---

[28] Ver https://olavodecarvalho.org/ciencia-ou-palhacada/.

da população é de que as mudanças climáticas são reais. De acordo com pesquisa do Instituto Nacional de Ciência e Tecnologia em Comunicação Pública da Ciência e da Tecnologia (INCT-CPCT) publicada em 2022, a população brasileira concorda, em sua maioria, que as mudanças climáticas estejam acontecendo, causadas por fatores humanos e que prejudicam a vida das pessoas (Massarani et al., 2022). O negacionismo climático, no entanto, aumenta entre pessoas com baixo grau de familiaridade com noções de ciência e entre os brasileiros mais ricos — o que mostra que a aceitação de evidências científicas sobre o clima está associada a um conjunto de valores, ideologias ou crenças. Pessoas com respostas conservadoras sobre paridade de gênero, por exemplo, têm mais chance de negarem as mudanças climáticas, consoante a pesquisa.

É quase inacreditável que em pleno século 21 ainda existam "negacionistas do tabaco". São pessoas que negam todo o consenso científico de que o cigarro causa câncer de pulmão — inclusive para fumantes passivos — e que a nicotina vicia.

Já se sabe há muitas décadas que, sim, cigarro faz mal. O crescimento do seu consumo fez aumentar uma epidemia de câncer de pulmão. E o cigarro é feito para que as pessoas continuem fumando mesmo que faça mal, justamente porque a nicotina, sim, vicia.

O consumo do tabaco começou há alguns séculos, feito de maneira artesanal e usado especialmente em cerimônias. Expandiu-se de maneira significativa no século 20, quando a poderosa indústria do cigarro descobriu o poder da propaganda. O cigarro passou a ser sinônimo de virilidade, de masculinidade e de coisas afins. Quem não se lembra, por exemplo, das propagandas com o *cowboy* da Marlboro?

(vale destacar que um dos atores que interpretou o cowboy da Marlboro, na década de 1970, Eric Lawson, morreu em 2014 vítima de doença pulmonar obstrutiva crônica, enfermidade que tem forte relação com o fumo[29]).

Em 1920, de acordo com pesquisa de Pasternak e Orsi (2022), o consumo *per capita* de cigarros entre homens nos Estados Unidos chegou a mil unidades. Isso significa todos os homens americanos fumando cerca de três cigarros por dia. Em 1960, a taxa já tinha aumentado quatro vezes — e doenças como o câncer de pulmão tinham disparado no país.

Por muitas décadas, a indústria do cigarro tentou de tudo para negar a realidade que estava — literalmente — diante do nariz: cigarro vicia e faz muito mal à saúde. O livro *"Merchants of Doubt"* (Mercadores da Dúvida), de Naomi Oreskes e Erik Conway — que, em 2014, virou um documentário, mostra muito bem o processo.

A indústria chegou a financiar cientistas e vozes de autoridade que promoviam a ideia de que a ciência sobre o cigarro era ruim (*junk science*) e que a ideia de que o cigarro faz mal era uma lorota esquerdista. Lembra que linhas de pensamentos tradicionalistas, conservadoras e neoliberais querem, sobretudo, combater o comunista, certo? Pois é.

Por meio de negação recorrente, vozes de autoridade da ciência mencionando evidências anedóticas, descredibilização da ciência séria, entre outras estratégias, a indústria conseguiu colocar em dúvida e atrasar as discussões sérias sobre os malefícios do tabaco.

Foi uma receita de bolo: as mesmas técnicas têm sido aplicadas, agora, para as mudanças climáticas — como acabamos de ver neste capítulo. Justamente por isso, o cigarro

---

[29] Ver https://g1.globo.com/ciencia-e-saude/noticia/2014/01/ator-que-fazia -anuncios-de-cigarro-morre-por-doenca-ligada-ao-fumo.html.

FORMAS DE NEGACIONISMO | 99

é considerado o "pai do negacionismo moderno". Esse, aliás, é o mesmo nome dado a episódio sobre o tema pelo podcast Ciência Suja (que está nas recomendações ao final deste livro).

Liberdade individual

Em prol do cigarro também teve muito discurso de liberdade individual e de intervenção mínima do Estado ("Estão querendo agora proibir que a gente fume no avião?"). Só que esse discurso vai por água abaixo se pensarmos que as consequências do cigarro afetam diretamente os cofres públicos. Tratar as doenças por ele causadas custa dinheiro — muito mais do que se arrecada com impostos. Logo, o Estado teria de agir para regular o setor e, claro, para proteger as pessoas.

Centenas de milhares de mortes depois, hoje o consumo do cigarro é regulado — inclusive no Brasil. As propagandas são limitadas, as embalagens têm avisos de riscos e o fumo é proibido em ambientes fechados. Não há mais como negar que o consenso científico sempre esteve certo: o cigarro causa câncer de pulmão e muitas outras doenças — inclusive para fumantes passivos — e a nicotina vicia.

Quer dizer, isso *ainda* tem sido negado: até recentemente o guru negacionista Olavo de Carvalho, costumava dizer em suas redes sociais que a ideia de que o cigarro faz mal seria "empulhação da indústria farmacêutica que vendem remédios que matam a população"[30]. Era a receita negacionista completa, incluindo, a ideia de que você está sendo enganado por uma indústria específica (não a do

---

[30] Ver https://olavodecarvalho.org/ciencia-ou-palhacada/.

cigarro, mas a farmacêutica!) e Olavo de Carvalho tinha muitos seguidores, inclusive o ex-presidente Jair Bolsonaro.

3.4. Terraplanismo e homem na Lua

Talvez você já tenha achado engraçado alguém dizer que a Terra é plana. Pode parecer hilário, em um primeiro momento, se não fosse perigoso. Acreditar que o formato da Terra seja plano demanda negar princípios fundamentais da geografia, de conhecimento da humanidade há alguns séculos, mesmo antes do desenvolvimento de equipamentos sofisticados de observação, que, inclusive, conseguem registrar imagens do planeta diretamente do espaço. É negação pura e simples do consenso científico mais incontestável que poderia haver.

Em geral, discussões sobre terraplanismo costumam andar de mão dadas com a "ilusão da ida à Lua". As redes sociais do grupo Terra Plana Brasil, por exemplo, também são repletas de vídeos que "explicam" a encenação da chegada do homem à Lua em 1969. Essas teorias da conspiração começaram assim que o homem pisou na Lua — e nunca perderam força.

Figura 9.

Fonte: print do Instagram @terraplana.br, que em agosto de 2023 tinha mais de 11 mil seguidores.[31]

Teorias da conspiração são formas de entender e de explicar um fenômeno tendo como princípio que a sua natureza é secreta, acobertada e que faz parte de um plano conspiratório ou de uma trama de um grupo de pessoas, ou organizações.

Nos dois casos — terraplanismo e negação de que o homem esteve na Lua — seria necessária uma trama mundial de todos os cientistas que trabalham com temas como astronomia, astrofísica, aeronáutica e afins, além de profissionais como pilotos de avião (que conseguem falar com clareza sobre o formato da Terra). Algo, portanto, difícil de ser alcançado.

---

[31] Ver https://www.instagram.com/terraplana.br/.

Uma das conspirações mais fortes relacionadas ao homem na Luz descreve que a NASA (Agência Espacial Americana) teria descoberto um erro fatal em seu foguete, acabou lançando-o sem tripulação e simulou o pouso na lua em um platô de Nevada (EUA)[32]. Há grupos de discussão que analisam indícios dessa simulação. Mesma coisa acontece com o terraplanismo.

Como vimos anteriormente neste livro, negacionistas pertencem — ou querem pertencer — a grupos. São pessoas que, como escreve o jornalista Carlos Orsi (2022), participam de uma mesma comunidade, promovem encontros, festas e debatem juntos. E o fato de pertencerem a um grupo também torna mais difícil ainda sair dele. É praticamente um fenômeno social.

Isso fica bastante evidente em "A Terra é Plana" (2018), documentário que tem o teórico da conspiração americano Mark Sargent como fio condutor. Ele é um dos principais proponentes da Terra plana nos Estados Unidos a partir de experiências pessoais ("Olhe para o horizonte. O que você vê?") e também de seleção seletiva de "evidências científicas".

Os vídeos de Sargent no YouTube aceleraram muito a popularização da crença moderna na Terra plana (em agosto de 2023, o canal de Sargent reunia mais de mil vídeos sobre o tema e tinha mais de cem mil inscritos). Novamente vemos aqui o peso da internet e das redes sociais para espalhar as teorias da conspiração. Mesmo que não dependa da internet, já que as teorias conspiracionistas sobre o homem na Lua surgiram há décadas, o negacionismo conspiratório ganha força significativa na forma como nos comunicamos na atualidade.

---

[32] Ver https://brasil.elpais.com/brasil/2019/06/21/actualidad/15611281 32_157440.html.

FORMAS DE NEGACIONISMO

Uma cidade inteira

Nos EUA, uma pesquisa do *YouGov* mostrou que 2% dos americanos creem na Terra plana e 5% têm dúvidas sobre a esfericidade do planeta. A taxa é bem similar à do Brasil. Por aqui, 7% dos brasileiros afirmaram em pesquisa realizada pelo Datafolha em 2019 que Terra é plana. Foi o primeiro levantamento de que se tem notícia a estimar quantos no país duvidam que o planeta seja esférico. Isso, na época, dava cerca de 11 milhões de pessoas. É como se a cidade inteira de São Paulo (uma das mais populosas do mundo) declarasse que a Terra é plana.

Os dados mostraram ainda que a crença de que a Terra é plana é inversamente proporcional à escolaridade. Enquanto 10% das pessoas que deixaram a escola após o ensino fundamental defendem o chamado terraplanismo, essa parcela diminui entre os que estudaram até concluir o ensino médio (6%) ou superior (3%). Ou seja: aqui, há uma relação mais direta entre educação e crença em uma teoria negacionista do que em outros campos — como as mudanças climáticas.

Como lembra o jornalista de ciência Rafael Garcia, em reportagem sobre a pesquisa Datafolha, a primeira pessoa a medir a circunferência da Terra com uma margem de erro aceitável — chegou a um valor entre 44.000 e 46.000 km (o número preciso conhecido hoje é 40.075 km) — foi Erastóstenes (séc. 3 a.C.)[33].

"Na época de Galileu (séc. 16 d.C.), a Terra esférica já era um consenso razoável entre filósofos naturais. Insistir hoje no oposto demanda o esforço de refutar evidências

---

[33] Ver https://www1.folha.uol.com.br/ciencia/2019/07/7-dos-brasileiros-afir mam-que-terra-e-plana-mostra-pesquisa.shtml.

desde os gregos antigos até fotografias de astronautas, passando por Kepler, Newton e Einstein. Indiretamente, quase toda ciência deixa de fazer sentido se a Terra não for redonda" (Folha, 2019).

Negar o consenso científico sob o argumento de que "você está sendo enganado" é perigoso. Isso porque essa lógica negacionista vale para a NASA ou para a indústria farmacêutica, que estaria mentindo sobre a gravidade da covid-19 ou a eficácia da vacina. Só que, no segundo caso, o negacionismo pode literalmente matar.

4.
A Negação da Covid-19

"Foram produzidas duas imagens sobre a covid-19: de uma doença altamente infecciosa, representada pela ciência, e de uma doença que não oferece muitos riscos, enunciada pelo presidente."

Domênico Uhng Hur e colegas (2021:556)

Das poucas certezas que temos ao escrever esse livro, uma é absoluta: não haverá um único leitor que não teve a sua vida fortemente impactada pela pandemia de covid-19. Declarada pela OMS (Organização Mundial de Saúde) em março de 2020, a pandemia de covid-19 alterou de maneira significativa a maneira como vivíamos e como conhecíamos o mundo. Fechou escolas, comércio, aeroportos, lotou hospitais, cancelou planos, vitimou milhões de pessoas e afetou de maneira importante, social e economicamente, praticamente todos os países do planeta.

Foram mais de três anos de acompanhamento atento da OMS sobre a disseminação da covid-19 até que, em maio de 2023, a organização declarou o fim da emergência sanitária causada pela doença. A covid-19 segue uma ameaça importante à saúde, mas, a partir da nova definição, o manejo da doença passa ser tratado nos países ao lado de outras doenças infecciosas.

Em todos os anos de alerta, a OMS sempre foi taxativa: venceríamos a emergência sanitária com informação correta e com o desenvolvimento de vacinas capazes de prevenir casos graves. Assim, o primeiro ano pandêmico, 2020, foi marcado por uma corrida importante de cientistas de todo o mundo tentando compreender o novo coronavírus e sua disseminação, reposicionar drogas disponíveis no mercado para a covid-19 e também desenvolver vacinas contra a doença.

Para se ter uma ideia, no início da pandemia — em abril de 2020, quando fizemos uma primeira tabulação da produção científica na área para a Folha de S.Paulo[34], — cientistas de todo o mundo já publicavam um estudo novo (devidamente revisado por pares) a cada três horas sobre covid-19[35]. É muita coisa.

Artigos com novos resultados sobre o novo coronavírus e sobre a covid-19 têm sido priorizados em periódicos

---

[34] Ver https://www1.folha.uol.com.br/equilibrioesaude/2020/04/cientistas-publicam-um-novo-estudo-sobre-coronavirus-a-cada-tres-horas-china-lidera.shtml.

[35] Os coronavírus foram mencionados pela primeira vez em 1968 em um editorial do periódico científico britânico Nature. Desde lá até a pandemia de covid-19, pesquisadores do mundo todo já publicaram 22.705 artigos científicos sobre o tema. Para fins de comparação, há 19.174 artigos científicos sobre H1N1 desde que esse agente infeccioso apareceu nos periódicos acadêmicos, em 1973. Os dados são da base internacional *Web of Science*.

científicos durante a pandemia. Mesmo em editoras científicas comerciais, a maioria dos trabalhos manteve acesso aberto para permitir que cientistas de todos os cantos acompanhem os resultados.

Basicamente, pesquisadores de todas as áreas do conhecimento olharam para a covid-19. Foram publicados trabalhos sobre a origem e a transmissão da doença, formas de diagnóstico clínico, o genoma do novo vírus, a progressão estatística da pandemia, tratamentos. Também há uma série de trabalhos sobre saúde mental em isolamento social e sobre os impactos da pandemia na economia mundial.

A ciência sobre covid-19

No início da pandemia, os cientistas chineses lideravam os trabalhos sobre o tema: 37% das pesquisas sobre o novo tipo de coronavírus e a nova doença tinham, por trás, um autor de uma instituição de pesquisa da China. Estados Unidos, Reino Unido e Alemanha vinham na sequência como líderes nos trabalhos sobre covid-19. Juntos, esses quatro países somavam, no início da pandemia, mais da metade dos novos resultados acadêmicos na área. O Brasil estava em 16º lugar no mundo em novos estudos especificamente sobre a covid-19 em 2020.

Em três anos, de 2020 a 2022, foram publicados 411 mil estudos científicos devidamente revisados sobre covid-19 — e os Estados Unidos acabaram passando a China nesta produção. O Brasil está em 10º no mundo entre os países que mais investigaram e publicaram academicamente sobre covid-19 — o que significa que o tema ganhou importância especial na academia brasileira (considerando a produção científica em todas as áreas do conhecimento, o Brasil figura, atualmente, em 14º no mundo).

Figura 10.

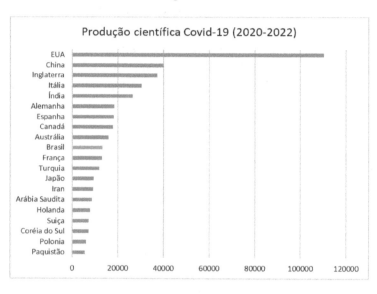

Fonte: Número de artigos científicos sobre covid-19 em 2020-2022. Web of Science. Elaboração própria.

A USP liderou a produção científica sobre covid-19 no país, com mais de 2,5 mil artigos científicos produzidos de 2020 a 2022, seguida pela Unifesp e pela Fiocruz. Todas as instituições com mais trabalhos sobre covid-19 no país são públicas, como se vê a seguir.

Figura 11.

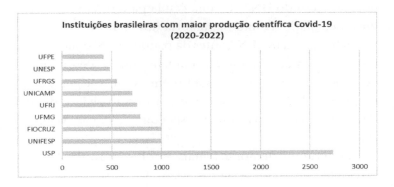

Fonte: Web of Science. Elaboração própria.

Testar drogas disponíveis no mercado para novas doenças é prática comum na ciência. Desenvolver uma droga nova para cada enfermidade levaria muito mais tempo do que tentar usar um fármaco já conhecido — que, no entanto, apesar de seguro e aprovado para determinada doença, deve ser devidamente testado para outras. Esse é o caso do famoso analgésico aspirina, que, se usado em pacientes com dengue, pode levar a hemorragias graves porque tem efeito anticoagulante. Por isso, são necessárias muitas etapas de investigação: drogas seguras para uma doença podem agravar outras.

Já os imunizantes contra covid-19 começaram a dar os primeiros sinais no final de 2020, graças a pesquisas pregressas sobre doenças respiratórias que embasaram as novas investigações e a investimentos significativos com foco nos imunizantes.

Isso além de pesquisas prévias sobre RNA mensageiro (ou mRNA), que é o equivalente biológico de um mensageiro com um código (uma molécula que carrega um conjunto de instruções do DNA de uma célula para o setor de "produção celular"). A imensa maioria dos cientistas não dava muita bola para o mRNA antes da pandemia. São moléculas instáveis e difíceis de estudar em laboratório. Pesquisas de décadas sobre mRNA do casal Özlem Türeci e Uğur Şahin, por exemplo, deram base para o desenvolvimento da Pfizer Biontech (essa história está contada em "A Vacina", 2022).

Poderia ter demorado mais: em fevereiro de 2020, o principal epidemiologista dos EUA, Anthony Fauci, calculava no mínimo um ano para o desenvolvimento de uma vacina contra covid-19. Para ser ter uma ideia, pouco antes a vacina contra o ebola, da Merck, tinha levado cinco anos (Miller, 2022:13). Também poderia não ter dado certo: é só lembrar que o vírus HIV, que causa a Aids, não tem vacina até hoje![36] Como escreve Joe Miller em "A vacina": "As tentativas de produzir um medicamento profilático para Aids/HIV não apenas falharam, mas, em alguns casos, também exacerbaram a doença" (Miller, 2022:13).

No caso da covid-19 deu certo e em dezembro de 2020 — nove meses depois da declaração da pandemia pela OMS —, Margaret Keenan, uma idosa britânica de 90 anos, recebeu sua primeira dose de Pfizer, logo após a aprovação

---

[36] "A dificuldade em desenvolver uma vacina tem relação com a forma como o nosso organismo responde aos microrganismos que o infectam. Algumas respostas são simples e fáceis de 'imitar' ao se desenvolver uma vacina. Esse é o caso do sarampo, que causa apenas uma infecção na vida. Outras respostas do nosso sistema imune são mais difíceis de serem imitadas. Além disso, alguns microrganismos são mais complexos. Esse é o caso do HIV. Apesar de ele gerar uma resposta imune potente do nosso corpo, esse vírus é capaz de se integrar ao genoma da célula infectada, camuflando-se no nosso organismo" (Manual Noticiando Vacinas, 2020:7).

A NEGAÇÃO DA COVID-19 | 111

do imunizante no Reino Unido. Como relata Joe Miller na obra "A vacina", que conta os bastidores do desenvolvimento da Pfizer Biontech: foi a injeção exibida em todo o mundo. Frasco e seringa da injeção histórica foram levados para o Museu da Ciência em Londres.

No Brasil, as vacinas contra covid-19 chegaram em janeiro de 2021, com a aprovação, pela Anvisa (Agência Nacional de Vigilância Sanitária), da Coronavac, desenvolvida a partir de uma parceria, firmada pelo Governo do Estado de S.Paulo, entre o Instituto Butantan e a farmacêutica chinesa Sinovac.

A vacinação, no entanto, caminhou em passos lentos aos braços dos brasileiros e a diversificação de plataformas vacinais demorou a engatar. A AstraZeneca (vacina de Oxford ou *Covishield*) começou a ser aplicada em fevereiro de 2021 no país — primeiro importada e, depois, fabricada na Fiocruz (Fundação Oswaldo Cruz). Já a Pfizer só chegou por aqui em maio; Janssen chegou ainda mais tarde, no mês seguinte, em junho.

Quem viveu a pandemia no Brasil provavelmente acompanhou de perto — e, quando possível, de casa — as notícias sobre cada aprovação da vacina e grupo etário correspondente que receberia sua dose. Por meses, essas foram as principais informações na imprensa todos os dias.

O problema é que, no Brasil, a pandemia encontrou um governo que tentou, com base em desinformação e se utilizando de evidências científicas de má qualidade pontuais, reduzir a gravidade da covid-19, desestimular a vacinação e pregar o uso de medicamentos para o "tratamento precoce" contra a covid-19. Era um governo negacionista.

E vale lembrar: o Brasil é um país federalista, no qual os entes federados têm um pacto federativo com o governo central. Trocando em miúdos, a definição da estratégia do enfrentamento da pandemia caberia ao Ministério da Saúde.

"Gripezinha"

O que se viu imediatamente foi o então presidente Jair Bolsonaro promovendo aglomerações públicas, contrariando as definições da OMS — que tinham base no consenso científico vigente — e chamando a covid-19 de "gripezinha". Em março de 2020, Bolsonaro disse em rede nacional que "caso fosse contaminado com o vírus, não precisaria me preocupar. Nada sentiria ou seria, quando muito, acometido de uma *gripezinha ou resfriadinho*". Depois, em conferência oficial com o Ministério da Saúde, no mesmo mês, afirmou: "Depois da facada, não vai ser uma *gripezinha* que vai me derrubar".

Como destaca o psicólogo e professor da UFG (Universidade Federal de Goiás) Domênico Uhng Hur com colegas da Espanha, um dos efeitos psicossociais desse conflito de narrativas (covid-19 grave X covid-19 "gripezinha") é que não se criou um pensamento comum sobre o que era o coronavírus. "Foram produzidas duas imagens sobre a covid-19: de uma doença altamente infecciosa, representada pela Ciência, e de uma doença que não oferece muitos riscos, enunciada pelo presidente", escrevem os autores. "Assim, parcela significativa da população legitimou a posição de enunciação do presidente, aderiu à sua narrativa, passando a ignorar, ou minimizar, as medidas de prevenção. Dessa forma, foi deixado em segundo plano o discurso científico".

A NEGAÇÃO DA COVID-19 | 113

De acordo com o veículo de checagem "Aos fatos", Bolsonaro deu 6.685 declarações falsas ou distorcidas no seu mandato — quase metade disso especificamente no contexto da pandemia[37]. Foram declarações, sobretudo, negacionistas, que se recusavam em aceitar uma realidade empiricamente verificável: a gravidade da covid-19. Era, como vimos no primeiro capítulo deste livro, uma rejeição sistemática de conceitos incontestáveis e apoiados por consenso científico em favor da crença em conceitos radicais e controversos.

A partir de abril de 2020, por decisão do STF (Supremo Tribunal Federal), foi garantida a autonomia a prefeitos e governadores para determinar medidas para o enfrentamento ao coronavírus, tais como regulamentar medidas de isolamento social, fechamento de comércio e outras restrições. O governo federal, no entanto, seguiu com sua prática negacionista, que vitimou centenas de milhares de brasileiros e brasileiras — fora os muitos casos subnotificados.

Como mostraram Deisy Ventura e Rossana Reis, respectivamente da Faculdade de Saúde Pública da USP e do Programa de Pós-Graduação em Ciência Política da mesma universidade, em "Direitos na pandemia: mapeamento e análise das normas jurídicas de resposta à covid-19 no Brasil", o governo federal adotou como estratégia de enfrentamento da pandemia o estímulo internacional à disseminação do coronavírus para que o maior número de pessoas fosse acometido pela doença.

As pesquisadoras analisaram milhares de normas, decretos e portarias de 2020 e 2021. A conclusão: o objetivo do

---

[37] Aos Fatos (2022). Em 1.459 dias como presidente, Bolsonaro deu 6.685 declarações falsas ou distorcidas https://www.aosfatos.org/todas-as-declarações-de-bolsonaro/.

governo era chegar à chamada "imunidade de rebanho", termo que vem da medicina veterinária e representa o processo final de controle de uma doença que acomete rebanhos — curiosamente por meio da imunização dos animais (e não por "contaminação natural"!) Era uma ideia totalmente contrária ao consenso científico vigente.

As manifestações de Bolsonaro eram amplificadas pela divulgação de mensagens nas redes sociais por intermédio das estruturas de propaganda bolsonaristas comumente designadas como "Gabinete do Ódio"[38]. Isso foi analisado pelo doutor em História Social e Professor-associado de História, Gilberto Grassi Calil, que compilou as expressões negacionistas de Bolsonaro em um artigo publicado em 2021.

"É difícil estabelecer com precisão a dimensão e o alcance dessas estruturas, já que os disparos [das mensagens nas redes sociais] ocorrem em grupos fechados e de forma privada. Ainda assim, é possível identificar seu sentido geral, com relatos que em um primeiro momento eram voltados para a minimização dos riscos, sustentando que a pandemia não se desenvolveria no Brasil e que haveria poucos casos e reduzido número de vítimas (...)", escreve o autor.

---

[38] "Gabinete do Ódio" foi o nome dado pela imprensa a um grupo de assessores de Jair Bolsonaro que atuavam no Palácio do Planalto e foram coordenados pelo ex-presidente. O grupo atuava na gestão das redes sociais do ex-presidente e foi formado durante a campanha para a eleição presidencial no Brasil em 2018, continuando a atuar até o fim de seu mandato.

A NEGAÇÃO DA COVID-19 | 115

Figura 12.

Quadro 1 Declarações de Jair Bolsonaro em março e abril

Declaração	Data	Número de casos na data	Número de óbitos na data
"O que está errado é a histeria, como se fosse o fim do mundo. Uma nação como o Brasil só estará livre quando certo número de pessoas for infectado e criar anticorpos"	17/3	346	1
"Não vai ser uma gripezinha que vai me derrubar, tá o.k.?"	20/3	957	11
"O povo foi enganado esse tempo todo sobre o vírus"	26/3	2.902	77
"Se o vírus pegar em mim, não vou sentir quase nada"	30/3	4.630	163
"Está começando a ir embora essa questão do vírus"	12/4	22.192	1.223
"Eu não sou coveiro, tá certo?"	20/4	40.743	2.587
"E daí? Lamento. Quer que eu faça o quê? Eu sou Messias, mas não faço milagre"	28/4	72.899	5.063

Fonte: Calil (2021).

O governo estimulou o uso de cloroquina e de ivermectina contra covid-19, propagandeou um vermífugo que tinha sido testado apenas em células (nitazoxanida), mandou uma comitiva para Israel atrás de um spray que mal tinha sido testado e por aí vai. E vale lembrar: é perigoso tomar um "remedinho" sem indicação médica e sem prescrição exata para a doença que se pretende tratar. Como definem a jornalista Chloé Pinheiro e do farmacêutico Flavio Emery no livro "*Cloroquination*" (2022), há uma estimativa de que oito em cada dez mortes causadas por drogas lícitas e ilícitas no mundo estejam relacionadas por automedicação.

Interessante notar que há um modelo que se repete no enfrentamento da covid-19 pelo governo brasileiro. Em todos os casos — cloroquina, ivermectina, nitazoxanida, spray nasal de Israel, proxalutamina e TrateCov — havia algum tipo de verniz científico por trás das afirmações, mas

116 | MYNEWS EXPLICA NEGACIONISMO CIENTÍFICO

essa ciência era ainda incipiente, sem resultados publicados, pontual ou ainda de má qualidade, fraudada e que nadava contra o consenso. Mas os estudos científicos estavam lá e eram usados como argumentos de defesa.

Como vimos no primeiro capítulo deste livro, negacionistas tendem a ignorar consensos científicos ou a estabelecer contraposições por meio de evidências científicas pontuais. Trataremos disso neste capítulo.

4.1. Cloroquina

A pandemia mal completava uma semana quando o então presidente dos Estados Unidos, Donald Trump (2016-2020), foi a público, em 19 de março de 2020, para anunciar uma droga que tinha potencial para "virar o jogo" da pandemia — contra a opção do isolamento social, que, na época, sem vacinas, era defendida pela OMS como forma de conter a disseminação do coronavírus. Era o antimalárico cloroquina.

O apoio de Trump à droga teve base em um estudo francês publicado pouco antes e liderado pelo microbiologista Didier Raoult, diretor do IHU (Instituto Hospital Universitário *Méditerranée Infection*), na cidade de Marselha, França.

Era um *preprint*, ou seja, uma versão preliminar de um resultado científico, que ainda não havia sido validado por outros pesquisadores (chamados de "pares") — e foi anunciado em um vídeo do YouTube. Foi suficiente para Trump dizer que havia uma droga em potencial para a covid-19 — e para uma corrida mundial para testar a droga[39].

---

[39] Como vimos no primeiro capítulo deste livro, o trabalho de Didier Raoult e colegas foi publicado em julho de 2020 pelo periódico *International Journal*

A NEGAÇÃO DA COVID-19 | 117

No início da pandemia, a procura por cloroquina contra covid-19 foi tão grande que foi preciso que a Anvisa determinasse medidas rígidas de venda, com a retenção de receita em farmácia — que Bolsonaro tentou, sem sucesso, derrubar, em mais um passo negacionista.

Mais tarde, o trabalho foi criticado por cientistas do mundo todo. Tinha uma amostra pequena e não seguia o chamado "duplo-cego" (na qual um grupo de pacientes recebe, sem saber, placebo). Soube-se depois que seis pacientes que pioraram no quadro de covid-19 no experimento (um deles morreu) foram excluídos dos resultados publicados.

Na ocasião, havia apenas um registro de teste dessa droga contra covid-19 nos EUA, realizado no dia anterior à fala de Trump. A declaração do mandatário da maior economia do mundo, no entanto, jogou um holofote sobre a droga e seu derivado. A cloroquina e seu derivado hidroxicloroquina se tornaram as drogas mais estudadas em pacientes acometidos pela doença causada pelo novo coronavírus no mundo, como mostramos na Folha de S.Paulo[40].

A droga teve um pico de estudos clínicos em abril de 2020 — logo após a fala de Trump —, quando 110 novas pesquisas de cloroquina para covid-19 em humanos foram

---

of Antimicrobial Agents — e não tinha sido retratado até agosto de 2023. A conclusão foi que, "apesar do pequeno tamanho da amostra", o tratamento com hidroxicloroquina está significativamente associado à redução/desaparecimento da carga viral em pacientes com covid-19 com efeito reforçado por azitromicina. Outros trabalhos com foco com cloroquina, no entanto, foram retratados — e isso foi amplamente noticiado pela imprensa. Caso de dois trabalhos que usaram uma base de dados de 96 mil pessoas internadas com o coronavírus fornecidos pela empresa Surgisphere e que foram publicados no *The Lancet* e no *The New England Journal of Medicine* em junho de 2020. Foram anulados logo em seguida!

[40] Ver https://www1.folha.uol.com.br/equilibrioesaude/2020/05/cloroquina -e-droga-mais-testada-no-mundo-contra-covid-19.shtml.

registradas no mundo (um terço disso nos EUA). No final do mesmo mês, a FDA, agência norte-americana que regulamenta medicamentos, publicou um aviso contra o uso indeliberado da cloroquina para covid-19 diante de notificação de efeitos colaterais graves da droga.

Em maio de 2020, um em cada três testes em humanos relacionados à covid-19 já experimentavam a cloroquina — em 35 países. Nessa época, havia registro de 475 estudos com diferentes fármacos em pacientes. Desses, 145 pesquisam cloroquina ou hidroxicloroquina. Todas essas informações são na base internacional *Clinical Trials*, que agrega dados sobre testes de medicamentos, vacinas e diagnósticos em pacientes de todo o mundo — como local, quantas pessoas serão pesquisadas, duração do experimento e metodologia (exemplo: um grupo recebe a droga e, outro, o placebo, que é uma pílula sem medicação).

O Brasil estava entre os países com a maior quantidade de pesquisas clínicas com cloroquina contra covid-19. A primeira delas foi registrada em 23 de março — quatro dias após o discurso de Trump e dois dias depois de o então presidente Jair Bolsonaro mandar o exército brasileiro intensificar a produção de cloroquina por aqui.

Entre os dez países com mais estudos clínicos com cloroquina, o Brasil tinha o maior percentual de participação da droga no montante total de fármacos que estavam sendo investigados contra covid-19: mais da metade dos 12 testes de drogas em andamento no país no início da pandemia testava especificamente o antimalárico. O Brasil só perdia em quantidade de testes de cloroquina com pacientes para a França, que registrava 16 experimentos.

Derrocada

Um ano depois, os EUA, líder mundial em pesquisas sobre covid-19, já tinham jogado a toalha em relação à cloroquina para covid-19. Responsável por 58 pesquisas clínicas com o fármaco em humanos, o país não registrou nenhum novo experimento com a droga para covid-19 com início em 2021. Dentre as 268 pesquisas clínicas com cloroquina para covid-19 já registradas mundialmente até maio de 2021, de acordo com dados da *Clinical Trials*, metade dos trabalhos tinha sido concluída ou interrompida. A outra metade seguia em andamento. Escrevemos sobre isso, na época, para a Folha de S.Paulo[41].

Aqui é importante retomar o físico e filósofo da ciência Thomas Kuhn, mencionado anteriormente neste livro, que afirmava que a compreensão acerca dos fenômenos depende do recorte histórico. Investigar a cloroquina contra covid-19 no início de 2020 era uma aposta. Ainda não havia evidências suficientes de que o antimalárico funcionava e nem que *não* funcionava contra a doença. Porém, insistir na cloroquina um ano ou dois anos depois — com amplas evidências de que a droga, inclusive, piorava o quadro de covid-19 — é uma atitude negacionista. Já havia ciência suficiente, só que estava sendo *negada*. O entendimento político era outro.

A questão é que foram tantas pesquisas com cloroquina que a droga se tornou a líder mundial de pesquisas clínicas sobre covid-19 — e também em publicações científicas. Em pouco mais de um ano, mais de 2.500 artigos científicos foram devidamente revisados e publicados sobre cloroquina

---

[41] Ver https://www1.folha.uol.com.br/equilibrioesaude/2021/05/cloroqui na-foi-a-droga-mais-testada-do-mundo-mas-se-tornou-irrelevante-para-cientis-tas.shtml.

no âmbito da covid-19 no mundo, de acordo com dados tabulados por nós na base internacional de periódicos científicos *Web of Science*. Havia um novo resultado científico sobre cloroquina a cada seis horas. E o Brasil estava, nessa época, entre os dez países que mais têm publicado trabalhos científicos sobre o tema. É, ainda, o quarto país com mais testes em humanos de cloroquina para covid-19, depois de EUA, França e Egito.

Amplamente defendida por Jair Bolsonaro ao longo de 2020 como tratamento precoce — o presidente chegou a exibir publicamente uma caixa de cloroquina para as emas que vivem no Palácio da Alvorada duas semanas após receber diagnóstico de covid-19 em julho daquele ano —, o uso de cloroquina no SUS foi recomendado oficialmente pelo Ministério da Saúde após o general Eduardo Pazuello assumir interinamente o comando da pasta, em maio de 2020. Não havia evidências para basear as recomendações.

Indicação oficial

Por meio de nota informativa, o Ministério da Saúde indicava cloroquina ou seu derivado (a hidroxicloroquina) associada ao antibiótico azitromicina para pacientes leves, moderados e graves de covid-19. A nota foi atualizada em junho de 2020 para incluir a prescrição do medicamento para crianças e grávidas — na mesma época em que a FDA (agência que regula medicamentos nos Estados Unidos) revogou a autorização de uso emergencial do medicamento para tratar covid-19 nos EUA.

Válidas por quase um ano, as orientações foram retiradas do site do Ministério da Saúde em maio de 2021 — uma

A NEGAÇÃO DA COVID-19 | 121

semana antes de Pazuello ser ouvido pelos senadores na CPI (Comissão parlamentar de Inquérito) da pandemia em 2021 — que já chegou a ser chamada de "CPI da cloroquina".

Antes disso, em janeiro do mesmo ano, logo após a crise de saúde pública em Manaus (AM)[42], a pasta lançou o aplicativo chamado TrateCov, sistema que sugeria prescrição de drogas sem comprovação científica, como hidroxicloroquina e cloroquina, a partir de uma pontuação definida pelos sintomas do paciente após o diagnóstico do novo coronavírus. O app foi retirado do ar no mesmo mês, depois de repercussão negativa na imprensa.

O TrateCov foi desenvolvido com base em uma evidência científica de má qualidade e contrariava o consenso científico. O problema: como tinha um estudo por trás, os negacionistas — do governo e da internet — diziam que a iniciativa "se baseava em evidências". Falaremos do TrateCov, especificamente, adiante, neste capítulo.

Assim, o *hype* da cloroquina para covid-19 baseado em desinformação, apelo político ou em evidências anedóticas

---

[42] Em dezembro de 2020, o Amazonas voltou a observar aumento de internações e mortes por covid-19. O governo estadual determinou o fechamento total do comércio no dia 26 de dezembro – medida que acabou sendo flexibilizada sob pressão de comerciantes e de políticos negacionistas. A Justiça determinou o retorno das medidas restritivas no começo de janeiro de 2021, mas isso não foi suficiente para evitar o caos: em 14 de janeiro de 2021 o sistema de saúde de Manaus colapsou e o estoque de oxigênio praticamente se esgotou por dias nas redes pública e privada de saúde. Dezenas de pessoas morreram sem o equipamento e centenas tiveram de ser transferidas para outros Estados. Mais tarde, a CPI da covid-19 mostrou que o Ministério da Saúde havia sido notificado em 11 de janeiro, pela *White Martins*, empresa responsável pelo fornecimento de oxigênio ao Governo do Amazonas, que a demanda estava seis vezes acima do que vinha sendo registrado ao longo da pandemia. Como a empresa possuía capacidade para produzir um volume de oxigênio três vezes maior do que o contratado pelo governo, a demanda já superava a sua capacidade.

levou à cloroquinização do Brasil, como definem Pinheiro e Emery em "*Cloroquination*" (2022).

Na obra, sobre a qual já falamos neste livro, eles investigam o que levou o país a se tornar capital mundial do tratamento precoce contra covid-19, além de outras falsas curas. Só de cloroquina, escrevem, foram mais de três milhões de caixas engolidas por brasileiros em apenas um ano — um aumento de 48% nas vendas dessa droga de 2019 para 2020. Um país de *cloroquiners*.

A cloroquina não esteve presente "só" no discurso dos governantes, mas também nos receituários médicos de maneira deliberada. De acordo com levantamento do médico cardiologista Luís Correia, em pesquisa por questionários a médicos filiados aos CRMs de Goiás e de Alagoas, 87% dos respondentes disseram que prescreveriam cloroquina para casos graves de covid-19. Correia é um dos entrevistados de Pinheiro e Emery em "*Cloroquination*" (2022), que relatam a pesquisa do cardiologista.

A informação, claro, assusta: médicos têm alta escolaridade e formação que, em tese, passa, de maneira aprofundada, pelo entendimento de como a ciência funciona. Por que, então, receitaram cloroquina para covid-19? Em primeiro lugar, a chamada "medicina baseada em evidências" — que emprega a melhor evidência disponível na tomada de decisões sobre os cuidados de saúde de um paciente — é algo recente, da década de 1990. Além disso, como vimos, nem sempre o negacionismo científico está relacionado à escolaridade, mas sim a ideologias e a crenças que podem ser políticas.

Também houve casos de médicos obrigados a administrar cloroquina para covid-19! Vale lembrar do caso do plano de saúde Prevent Sênior que, conforme escândalo revelado

A NEGAÇÃO DA COVID-19 | 123

pelo jornalista Guilherme Balza, da Rede Globo, enviava à casa dos seus beneficiários o chamado "Kit covid" com drogas como, claro, a cloroquina. Além disso, os médicos da Prevent eram obrigados a prescrever o kit aos pacientes com confirmação da doença — o que resultou em uma série de denúncias de assédio moral.

O caso da Prevent Sênior foi amplamente discutido na imprensa e na CPI da covid de 2021 — e lembrado em detalhes pelos senadores Randolfe Rodrigues e Humberto Costa em "A política contra o vírus" (obra de 2022, que, aliás, vale a leitura, inclusive como um relato histórico desse conturbado período).

4.2. Ivermectina

Se a venda de cloroquina contra covid-19 no início da pandemia impressionou, a do vermífugo ivermectina é ainda mais impactante: o Brasil consumiu 80 milhões de unidades dessa droga em apenas um ano, no início da pandemia, de acordo com dados do "*Cloroquination*" (2022).

A ivermectina, remédio para tratar piolhos, ficou famosa por circular nas redes sociais como possível droga contra o novo coronavírus, mesmo sem evidências científicas que sustentassem a afirmação — com o adicional de que, diferentemente da cloroquina, poderia ser comprada livremente porque se encaixava nos MIPs (Medicamentos Isentos de Prescrição). Era a "nova cloroquina".

Novamente, o motor foi o ex-presidente Bolsonaro, que afirmou, em junho de 2020, que o vermífugo ivermectina seria melhor que a cloroquina para covid-19 — e que a esquerda não tomaria, pois mataria "o verme que eles são". Mas vamos parar com as declarações presidenciais por aqui.

Quando se popularizou como "tratamento" para covid-19, só havia resultados de pesquisas em células, que, diferentemente das pessoas, sobrevivem a bombardeios de remédios. Uma pesquisa da Universidade Monash, na Austrália, publicada em abril de 2020, reduziu a quase zero o material viral do novo coronavírus em testes em cultura celular de laboratório com ivermectina.

Os próprios cientistas australianos, no entanto, ressaltam no trabalho que a droga é segura para humanos em doses baixas, que não seriam suficientes para combater o novo coronavírus. Ou seja: não havia nenhuma única evidência científica que sustentasse essa possibilidade de tratamento.

Já as pesquisas clínicas com pacientes de covid-19 ainda não tinham resultados publicados. E, no Brasil, elas ainda nem tinham começado: foram registradas na *Clinical Trials* entre final de junho e início de julho de 2020, logo após a fala do presidente Jair Bolsonaro. No primeiro semestre da pandemia, o vermífugo ficou entre as cinco combinações de fármacos mais testados no mundo em pacientes acometidos por covid-19.

Nessa época, havia 32 registros de testes com a ivermectina em humanos para a doença causada pelo novo coronavírus — duas delas, no Iraque e em Bangladesh, já tinham sido concluídas quando a ivermectina bombava nas farmácias do Brasil, mas os resultados desses trabalhos, no entanto, ainda não tinham publicado. Mostramos esses dados inicialmente em uma reportagem para a Folha de S. Paulo[43].

---

[43] Ver https://www1.folha.uol.com.br/equilibrioesaude/2020/07/ivermectina-esta-entre-drogas-mais-testadas-contra-covid-19-mas-nao-atrai-quem-lidera-pesquisas.shtml.

A maior quantidade dos testes com ivermectina contra covid-19 no início da pandemia se deu no Egito. Brasil, Argentina e México aparecem depois do Egito na lista de quem mais investiu na ivermectina para covid-19. Havia três estudos com pacientes em andamento em cada um desses países. Entre países que lideram as buscas de drogas na pandemia, no entanto, como Alemanha e China, a ivermectina foi ignorada. Os EUA fizeram poucas apostas clínicas investigando o vermífugo.

Em três anos de pandemia de covid-19, menos de um terço das 86 pesquisas com humanos envolvendo o uso de ivermectina para covid-19 registradas na *Clinical Trials* tinham sido concluídas. Onze das pesquisas finalizadas tinham resultados publicados — indicando que a droga não melhorava o quadro de covid-19. Os quatro estudos de ivermectina para covid-19 no Brasil não tinham sido concluídos até julho de 2023.

De acordo com informações do Centro de Análises da Liberdade e do Autoritarismo (Laut) no livro "*Cloroquination*", o Brasil foi o país que mais desmentiu informações falsas sobre a ivermectina. Em segundo lugar aparece a Colômbia. "Trump e Bolsonaro são os exemplos mais notórios e, o Brasil, o epicentro deste fenômeno, mas outros países também investiram nos medicamentos", escrevem os autores. "Em particular as nações da América Latina, reduto clássico do populismo, do charlatanismo e da venda de tratamentos 'alternativos' com pouca ou nenhuma regulação" (Emery e Pinheiro, 2022:15).

4.3. Nitazoxanida

Como temos insistido neste livro, o comportamento negacionista muitas vezes usa a própria ciência para se disfarçar e pode ser observado em autoridades que têm imagem associada ao conhecimento científico. Isso, claro, ajuda a confundir de maneira significativa o debate público.

Esse foi o caso do anúncio do antiparasitário nitazoxanida contra covid-19, promovido com efusividade pelo então ministro da Ciência, astronauta Marcos Pontes, logo no início da pandemia, em abril de 2020.

Na época, os resultados iniciais de pesquisa em laboratório mostraram uma redução de 93,4% da carga viral em células infectadas por covid-19 com a nitazoxanida. A pesquisa com esse experimento ainda nem estava publicada, mas entrou no palanque.

Em coletiva de imprensa com pompas, o ministro afirmou, em abril de 2020, que tinha boas perspectivas de resultados positivos dessa droga contra covid-19 por causa da alta porcentagem do resultado em células. E adicionou a vantagem de se tratar de uma droga de baixo custo. Deu, ainda, um ar de mistério ao "esconder" o nome do princípio que estava sendo testado.

O objetivo, disse, seria evitar uma corrida às farmácias para comprar a nitazoxanida — como vinha acontecendo com a cloroquina. Só que isso não aconteceria se a comunicação social dos resultados de uma pesquisa (que, aliás, são públicos) fossem divulgados corretamente, sem causar falsas expectativas à população. Poucas horas após a declaração do ministro, a Anvisa publicou uma norma proibindo a venda da nitazoxanida sem receita médica especial.

A NEGAÇÃO DA COVID-19 | 127

Mas vamos voltar aos resultados anunciados pelo então ministro. Dizer que uma droga que deu certo em células é promissora em humanos é o tipo de afirmação evitada pela comunidade acadêmica. Isso porque se estima que menos de 10% dos testes que funcionam em células isoladas, como era o caso dessa pesquisa, tenham bons resultados em pessoas.

Na prática, a quantidade de droga necessária para matar um vírus em um humano pode ser bem mais tóxica do que em testes em laboratório. E foi exatamente isso que aconteceu com a nitazoxanida, logo depois abandonada pelos cientistas depois dos primeiros resultados.

Funcionou em células

A nitazoxanida foi inicialmente mapeada por meio de inteligência artificial e de biologia computacional em meio a 2.000 fármacos pelo CNPEM (Centro Nacional de Pesquisa em Energia e Materiais) e testada em células isoladas no Instituto de Biologia da Unicamp (Universidade Estadual de Campinas), um dos poucos da região com nível de segurança necessário para manipular vírus. O anúncio foi feito logo depois da visita do ministro ao CNPEM, mas nem contou com a participação dos pesquisadores envolvidos.

Segundo Marcos Pontes, 500 pacientes em sete hospitais (cinco hospitais militares no Rio, um em São Paulo e um em Brasília) participariam dos experimentos com a droga. Só que os testes com humanos da nitazoxanida para covid-19 já tinham sido registrados nessa época no Egito, no México e nos EUA na base internacional *Clinical Trials* quando o anúncio de Marcos Pontes foi feito no Brasil com ar de "inovação brasileira". Assinamos uma reportagem sobre isso, na época, na Folha de S.Paulo[44]. No México e no Egito, os testes estavam sendo feitos de maneira combinada com outras drogas, como a própria cloroquina e a hidroxicloroquina.

Em três anos de pandemia de covid-19, a nitazoxanida foi registrada para testes em humanos para covid-19 em 31 experimentos — seis deles brasileiros. Apenas um terço disso foi concluído, de acordo com informações da *Clinical Trials* de julho de 2023.

Consoante a própria base, em julho de 2023 nenhum deles tinha resultados publicados, mas pelo código da pesquisa clínica foi possível encontrar seis publicações científicas na base *Web of Science* sobre a proxa e um *preprint* (resultado preliminar ainda não publicado; nesse caso, do Brasil). Os trabalhos dialogam que não há evidência da proxalutamida em novas variantes virais emergentes. Ou seja: não há informações científicas suficientes para qualquer afirmação sobre o uso da droga no tratamento de covid-19.

Ex-astronauta da NASA (Agência Espacial Americana) e único brasileiro que já esteve no espaço, Marcos Pontes tem sua imagem comumente associada à educação e ao conhecimento científico — o que pode ter colaborado para a percepção social de que a droga poderia funcionar contra covid-19. Era, afinal, um chamado "argumento de autoridade": recurso argumentativo que justifica escolhas pessoais com base no comportamento e nas declarações de outras pessoas importantes e de figuras de autoridade.

Pontes comandou a pasta de Ciência durante praticamente todo o governo Bolsonaro, de onde só saiu para se candidatar a senador por São Paulo em 2022 pelo partido

---

[44] Ver https://www1.folha.uol.com.br/equilibrioesaude/2020/04/droga-cita da-por-pontes-e-testada-em-quatro-paises.shtml.

A NEGAÇÃO DA COVID-19 | 129

de Bolsonaro (PL) — e foi eleito. O ex-ministro pareceu comandar ciência de outro planeta.

Em sua primeira aparição como ministro da Ciência no principal evento científico do país — a reunião anual da SBPC (Sociedade Brasileira para o Progresso da Ciência), em 2019 —, o astronauta Marcos Pontes fez sua tradicional palestra motivacional. Sobre ciência, falou pouco. E manteve essa toada em toda a sua gestão.

4.4. Spray nasal de Israel

Durante toda a pandemia, o presidente Jair Bolsonaro parece ter escolhido como aposta um dos experimentos mais iniciais e ainda sem resultado publicado contra covid-19 para perseguir. Depois da cloroquina (antimalárico) e da ivermectina (vermífugo), foi a vez, no início de 2021, do EXO-CD24, o spray nasal de Israel.

Na época, como mostramos em reportagem publicada na Folha[45], havia 35 pesquisas em humanos no mundo avaliando 22 possibilidades de drogas contra covid-19 aplicadas por inalação feita em hospital. Países como Argentina, Colômbia, Egito e Canadá tinham pelo menos três pesquisas clínicas registradas em andamento com sprays para covid-19. Os experimentos estavam em diferentes etapas. O estudo argentino, que avalia uma droga diferente da israelense, a Iota-Carrageenan, testada em 400 participantes, estava na última etapa de avaliação, por exemplo.

---

[45] Ver https://www1.folha.uol.com.br/equilibrioesaude/2021/02/spray-nasal-contra-covid-citado-por-bolsonaro-e-um-dos-mais-incipientes-e-nao-tem-dado--publicado.shtml.

O governo brasileiro, no entanto, decidiu ir atrás de um estudo de Israel com o spray nasal EXO-CD24 aplicado à covid-19, que era um dos mais iniciais dentre os registros de pesquisas clínicas. A chamada fase 1 do EXO-CD24 sequer estava concluída quando Bolsonaro começou a falar da droga contra covid-19.

Nessa etapa inicial da pesquisa se avalia a segurança de uma droga para uma doença específica, mesmo que a droga já seja testada e aprovada para outra enfermidade. O EXO-CD24 já é usado para tratamento especificamente de câncer de ovário.

Em geral, a fase 1 é feita com um pequeno número de pessoas, geralmente na casa das dezenas, para testar dosagem e toxicidade. Não há, nesta fase, uma preocupação em testar se o medicamento funciona. O spray nasal de Israel, no caso, estava sendo testado para covid-19 com 30 voluntários. Ou seja: nem teria como afirmar, ainda durante a fase 1 de um teste de droga, se ela daria certo para uma doença ou não.

Tratativas

Desde meados de fevereiro de 2021, Bolsonaro começou a aventar sobre o medicamento israelense contra covid-19. Em 12 de fevereiro, o presidente escreveu em suas redes sociais que estava em tratativas com Israel para "participação do Brasil na 3ª fase de testes do spray EXO-CD24, medicamento israelense que, até o momento, vem obtendo grande sucesso no tratamento da covid-19 em casos graves". Não havia informação, no entanto, sobre quais instituições de pesquisa fariam os testes do spray de Israel no país.

A NEGAÇÃO DA COVID-19 | 131

Três dias depois, também via redes sociais, disse que o "EXO-CD24 é um spray nasal desenvolvido pelo Centro Médico de Ichilov, em Israel, com eficácia próxima de 100% (29/30), em casos graves, contra a covid. Brevemente será enviado à Anvisa o pedido de análise para uso emergencial do medicamento".

Isso foi feito logo depois que um jornal daquele país, *Times of Israel*, noticiou, em 5 de fevereiro, que a droga em testes "curou" 29 dos 30 casos moderados a graves de covid-19. O tom foi de "grande descoberta". A informação teve base em informações divulgadas pelo hospital Tel Aviv's Ichilov, que está realizando os experimentos. De acordo com a imprensa local, a droga foi ministrada por três a cinco dias.

Vale lembrar: a eficácia de uma droga é avaliada em grandes amostras de pacientes em pesquisas com grupo controle — basicamente, um conjunto de pacientes recebe a droga e, outro, um placebo, sem que os cientistas e os pacientes saibam quem recebeu o quê, para evitar qualquer viés. Depois disso, avalia-se o resultado. No caso do spray EXO-CD24, toda essa etapa de estudos ainda nem tinha começado — e, de acordo com dados da *Clinical Trials* de julho de 2023, as pesquisas nunca tiveram início[46].

E o governo não parou por aí: anunciou que mandaria uma comitiva para Israel para tratar do assunto — o que foi feito no início de março. Cerca de dez membros do governo federal estiveram em Israel — e voltaram sem nenhum acordo relacionado à droga. O grupo foi liderado pelo então

---

[46] Em julho de 2023, a última atualização de informações relacionada ao experimento com o spray EXO-CD24 na *Clinical Trials* tinha sido feita em 04/03/2021. Cientistas de Israel começaram outro estudo em 11/07/2021 com data prevista para conclusão em 11/07/2022, mas sem informações atualizadas (nesse caso, a última postagem foi feita em 20/07/2021).

ministro Ernesto Araújo (Relações Exteriores), responsável por implementar um "negacionismo diplomático" à frente do Itamaraty.

Em sua passagem pelo governo, Ernesto Araújo ignorou as tratativas internacionais para viabilizar vacinas e chamou o novo coronavírus de "comunavírus" afirmando que se tratava de uma armadilha globalista para instaurar o socialismo mundial — entre outros episódios.

4.5. Proxalutamina

O Brasil nunca abandonou totalmente a aposta da cloroquina para covid-19, como vimos, mas logo arrumou mais uma "nova cloroquina" (além da ivermectina, sobre a qual já falamos): a proxalutamina, usada de maneira experimental para tratamento de câncer de próstata. A "proxa" virou assunto recorrente do então presidente Jair Bolsonaro a partir de agosto de 2021.

Acontece que só o Brasil e a farmacêutica chinesa, que desenvolveu a proxalutamida, estavam testando a droga contra a covid-19 naquela época, conforme a *Clinical Trials*. A possibilidade de tratamento da covid-19 com proxalutamida foi desconsiderada por países como Reino Unido e França, que estão entre os que mais pesquisaram reposicionamentos de drogas já existentes no mercado para a doença causada pelo coronavírus Sars-CoV-2.

Quando Bolsonaro cismou com a proxa, havia apenas registros internacionais de testes da droga em humanos nos EUA —todos financiados pela farmacêutica chinesa Suzhou Kintor Pharmaceutical Inc., o fabricante da proxalutamida. A pesquisa foi concluída, mas não tinha resultados

A NEGAÇÃO DA COVID-19 | 133

publicados até agosto de 2023. Na prática, portanto, a aposta no fármaco para combater a covid-19 foi apenas brasileira. A gente analisou esses dados em reportagem publicada na Folha de S.Paulo em agosto de 2021[47].

No Brasil, cinco pesquisas foram registradas na *Clinical Trials* com proxalutamida para covid-19 — todas coordenadas por um mesmo médico, o endocrinologista especializado em emagrecimento Flavio Cadegiani. Antes, ele já era conhecido por declarações sem base científica sobre tratamento precoce contra covid-19.

Aposta brasileira

Os registros internacionais mostram três experimentos com proxa na clínica de emagrecimento do endocrinologista, a *Corpometria Institute*, de Brasília, — um deles em parceria com hospitais do Sul do país — e mais dois experimentos em Manaus (AM) também em nome de Cadegiani. Em Manaus, uma das pesquisas se deu no Hospital Samel e, outra, também no Samel em parceria com uma série de hospitais da região do Amazonas[48].

---

[47] Ver https://www1.folha.uol.com.br/equilibrioesaude/2021/08/so-o-brasil -e-fabricante-chinesa-da-proxalutamida-apostam-no-remedio-contra-a- -covid-19.shtml.

[48] No Sul do país, os hospitais parceiros da Corpometria são Hospital da Brigada Militar de Porto Alegre, Hospital Arcanjo São Miguel (Gramado) e Hospital Arcanjo São Miguel (também em Gramado). Já na região do Amazonas, as pesquisas do Samel tiveram parceria com Hospital Regional José Mendes (Itacoatiara), Hospital de Campanha de Manacapuru (Manacapuru), Hospital Oscar Nicolau (Manaus), Hospital Prontocord (Manaus), Hospital Regional Dr. Hamilton Maia Cidae (Manicore), Hospital Raimunda Francisca Dinelli da Silva (Maues) e Hospital Regional Jofre Cohen (Parintins).

Um dos experimentos na *Corpometria Institute* foi realizado antes da aprovação da CONEP (Comissão Nacional de Ética em Pesquisa), que saiu em maio de 2021. É uma falha ética grave na condução desse tipo de experimento. Esse aval é obrigatório, no Brasil, para pesquisas com humanos. Para se ter uma ideia, a pesquisa foi finalizada em janeiro de 2021.

A base teórica antiandrogênica para o uso dessa droga na doença causada pelo coronavírus à qual o médico se refere é a observação — do próprio grupo de Cadegiani — de que homens calvos teriam maior vulnerabilidade à covid-19.

Como a calvície pode estar ligada a hormônios androgênicos (como a testosterona), os chamados antiandrogênicos, caso da proxalutamida, poderiam agir contra a covid-19. O tema é considerado controverso na ciência, já que a calvície está também ligada ao envelhecimento (e pessoas mais velhas têm mais risco de morrer de covid-19).

Os resultados das pesquisas foram publicados em pelo menos dois artigos científicos, que saíram em fevereiro e em julho de 2021, respectivamente nos periódicos internacionais *Cureus Journal of Medical Science* e *Frontiers in Medicine*. Em março, a diretoria do Grupo Samel chegou a reunir a imprensa em coletiva para apresentar os resultados da pesquisa com proxa para covid-19.

Levantaram as sobrancelhas da comunidade acadêmica porque derrapam em questões éticas — caso do físico da Unicamp Leandro Tessler, membro do Grupo de Estudos de Desinformação em Redes Sociais e ativista no debate sobre questões de estudos científicos pontuais "duvidosos", que acabam sendo usados por tomadores de decisão.

Tessler se debruçou sobre aspectos metodológicos de publicações relacionadas à covid-19 durante a pandemia.

A NEGAÇÃO DA COVID-19 | 135

Viu que o artigo sobre proxalutamida publicado no *Cureus Journal of Medical Science,* por exemplo, não tinha registro específico de Comitê de Ética, que é obrigatório em publicações sérias. Lembra quando debatemos, no capítulo 1 deste livro, que o negacionismo pode ter base em evidências científicas de má qualidade, que contrariam de maneira descarada o consenso científico? Pois é: novamente é disso que estamos falando aqui.

Antes das pesquisas com a proxalutamida, Cadegiani já estava envolvido no estudo AndroCoV — mencionado na CPI da covid pela ex-secretária do Ministério da Saúde Mayra Pinheiro como base do aplicativo TrateCov — que veremos a seguir.

4.6. TrateCov

O sistema que sugeria prescrição de drogas sem comprovação científica, como hidroxicloroquina e cloroquina, a partir de uma pontuação definida pelos sintomas do paciente após o diagnóstico do novo coronavírus, o TrateCov, é tão simbólico sobre a postura negacionista que resolvemos tratar dele em uma seção à parte neste capítulo.

Vale lembrar: o aplicativo veio à tona em janeiro de 2021. Foi retirado do ar no mesmo mês, depois de repercussão negativa na imprensa. Como vimos, o TrateCov foi desenvolvido com base em uma evidência científica — o estudo AndroCoV.

O trabalho foi mencionado como um "estudo internacional" na CPI da covid, em maio de 2021, pela ex-secretária de Gestão do Trabalho e da Educação na Saúde do Ministério da Saúde Mayra Pinheiro. A afirmação se deu em resposta ao questionamento do senador Renan Calheiros (MDB-AL), relator da CPI, sobre as bases do aplicativo. E esse tipo de evidência científica vale para desenvolver uma política ministerial dessa grandeza? Claro que não. Na época, escrevemos uma análise sobre a menção ao estudo para a cobertura política da Folha de S.Paulo[49].

O tal AndroCoV é, na verdade, uma proposta de pontuação clínica para diagnóstico de covid-19 publicada em artigo científico que levava seu nome (algo como "O escore clínico AndroCov para diagnóstico da covid-19", em tradução livre).

O trabalho foi feito por pesquisadores de São Paulo, de Recife, de Porto Alegre e de Brasília, em parceria com cientistas dos EUA — por isso seria "internacional", o que parece conferir mais credibilidade ao estudo para Mayra Pinheiro. Saiu no dia 7 de janeiro de 2021 no periódico científico *Cureus Journal of Medical Science*, que concentra resultados de pesquisa em medicina geral. É um periódico científico considerado medíocre pela comunidade acadêmica séria — o que mesmo que, no mês seguinte, publicou o artigo já mencionado aqui sobre proxalutamida para covid-19.

Antes de sua publicação, o estudo foi revisado por outros cientistas em apenas um dia. Para se ter ideia do que isso significa, o processo de revisão de trabalhos acadêmicos pelos chamados pares (cientistas de mesma área acadêmica) pode levar muitos meses. E, ainda assim, o artigo pode ser negado para publicação.

A revisão, vale lembrar, é parte importante da qualidade dos trabalhos científicos. Todo resultado de pesquisa formal apresentado por cientistas passa por esse tipo de escrutínio

---

[49] Ver https://www1.folha.uol.com.br/poder/2021/05/mencionado-na-cpi-estudo-sem-visibilidade-cientifica-orientou-aplicativo-do-ministerio-da-saude.shtml.

de especialistas antes de ser publicado. Os "pares" verificam a metodologia e os resultados expostos no artigo científico, refazem contas e, muitas vezes, voltam aos autores do estudo com questionamentos — que são respondidos ao longo de um tempo. O AndroCoV, no entanto, teve sua revisão científica iniciada e concluída no mesmo dia: 3 de janeiro de 2021.

Outro indicador importante de qualidade dos trabalhos científicos é o seu impacto acadêmico. Na prática, isso é medido pela quantidade de vezes que um artigo científico é mencionado por trabalhos científicos publicados posteriormente. Bons trabalhos nas ciências duras são citados muitas vezes. Um artigo científico que avaliou o uso de dexametasona (corticosteróide) em pacientes de covid-19, por exemplo, publicado dia 25 de fevereiro de 2021 no periódico *New England and Journal of Medicine* — bastante respeitado — passou de 1.389 citações em menos de três meses.

Ignorado pela ciência

Já o artigo científico sobre o AndroCoV — que, vale lembrar, saiu mais de um mês antes do estudo do *New England* — foi ignorado por outros cientistas: não tinha sido mencionado em nenhum novo trabalho acadêmico, quando Mayra Pinheiro — a "capitã cloroquina" — chegou à CPI da covid, em maio de 2021. Ou seja: contrariava o consenso científico e foi ignorado pela ciência, mas não pelo governo brasileiro.

Apesar de oficial, o periódico *Cureus Journal of Medical Science* fica em uma espécie de puxadinho da base internacional *Web of Science*, que concentra revistas científicas de todo o mundo. Não faz parte, portanto, da coleção principal de periódicos científicos. O periódico publicava cerca de mil artigos científicos em 2017 e chegou a 2.707 estudos em 2019. Em 2020, mais do que dobrou sua quantidade de estudos: foram 5.884 trabalhos publicados.

No Brasil, esses periódicos são categorizados em um sistema de qualificação da Capes (Coordenação de Aperfeiçoamento de Pessoal de Nível Superior, ligada ao MEC) em uma escala de A1 até C. A Capes usa essa pontuação para avaliar programas de pós-graduação — os melhores publicam mais em periódicos A1 e A2 de sua área. O *Cureus Journal of Medical Science*, no caso, estava na época classificado no grupo C.

À CPI, Mayra Pinheiro disse que a ferramenta TrateCov, que se baseia no AndroCoV, "poderia ter salvado muitas vidas em auxílio aos testes diagnósticos". E que "poderia ter ajudado a secretaria estadual de Manaus, a secretaria municipal, a diagnosticar precocemente, como ferramenta de auxílio, e a gente proceder ao isolamento dos casos comprovados".

A então secretária também defendeu, na CPI, o uso de cloroquina para tratamento de covid-19 — como tem feito durante a pandemia, o que lhe rendeu o apelido de "capitã cloroquina". "Eu trouxe aqui e deixo à disposição dos senhores mais de 2,4 mil artigos impressos que referendam as metanálises existentes no mundo, mostrando as evidências que todos nós queremos", disse. Essa era, na verdade, praticamente toda a quantidade de artigos científicos publicados sobre cloroquina no âmbito da covid-19 no mundo desde janeiro de 2020 — quando se começou a falar sobre o vírus — até o depoimento dela na CPI.

5.
A Negação das Vacinas Contra covid-19

"De certa forma, as vacinas são vítimas do seu próprio sucesso. As pessoas esqueceram como era viver sem vacinas e que, graças a elas, vencemos doenças infecciosas."

Natalia Pasternak e Carlos Orsi (2020:67)

A corrida pelas vacinas contra covid-19, como vimos no capítulo anterior, começou mundialmente tão logo se entendeu a gravidade do novo vírus respiratório que se disseminava. No primeiro ano da pandemia, em 2020, já havia pesquisas avançadas com bons resultados de imunizantes como da farmacêutica Pfizer — o primeiro a ser aplicado no mundo (em dezembro de 2020, Margaret Keenan, uma idosa britânica de 90 anos, recebeu sua primeira dose de Pfizer, logo após a aprovação da vacina no Reino Unido).

Não vamos nos debruçar amplamente sobre como as vacinas são desenvolvidas neste livro porque há uma publicação desta coleção dedicada a isso — o "MyNews Explica Sistema Imunológico e Vacinas" (2023), de Gustavo Cabral. O autor elucida, de maneira bastante clara, o processo tecnológico que permitiu a produção de vacinas com organismos vivos atenuados, inativados e as vacinas mais modernas, detalhando as etapas para seu desenvolvimento. Então, falaremos aqui resumidamente sobre esse processo — com foco no desenvolvimento dos imunizantes contra covid-19 e em todo o negacionismo que veio junto.

As vacinas treinam o sistema imune apresentando a ele algo inócuo (por exemplo, um pedaço do vírus, um vírus inativado ou um vetor) capaz de desencadear uma reação de defesa eficaz — uma resposta imune para enfrentar o vírus, que acaba gerando uma memória imunológica. Assim, quando o corpo encontrar, de fato, o vírus, ele vai reagir de maneira ágil e eficaz. Isso é feito, de maneira segura, há décadas.

O discurso negacionista no contexto da covid-19 muitas vezes se valeu, dentre outras coisas, de uma suposta "aceleração" no processo de desenvolvimento das vacinas. Acontece que crises e emergências sanitárias, de fato, aceleram a ciência. No caso da covid-19, houve uma mobilização inédita da comunidade científica mundial para produzir uma vacina contra o novo coronavírus, com bilhões de dólares investidos por empresas e poder de diferentes governos — o que nem sempre acontece com outras vacinas. As etapas de desenvolvimento das vacinas, no entanto, se mantiveram nas pesquisas clínicas com humanos.

A NEGAÇÃO DAS VACINAS CONTRA COVID-19

Figura 12.

Acompanhe as fases do desenvolvimento de uma vacina	
Fase exploratória	Pesquisa básica para identificar o antígeno da doença Tempo de duração: 2 a 4 anos
Fase pré-clínica	Estudos in vitro (cultura de células) Estudos em animais Testam a capacidade da vacina de gerar resposta imune Tempo de duração: 1 a 2 anos
Fase clínica **(fases 1, 2, 3 e 4)**	Estudos em humanos **Fase 1** – Voluntários sadios (20–100): *Efeitos adversos sérios* **Fase 2** – Voluntários (100 – 1000): *Efeitos adversos a curto prazo; Resposta do sistema imune; Dose de imunização mais eficaz* **Fase 3** – Milhares de voluntários (30 mil, 60 mil): *Comparação entre grupo imunizado e grupo controle; Sintomas adversos mais frequentes; Segurança, Eficácia* **Fase 4** – Após a vacinação em massa: *Monitoramento da produção; Sistema de notificação de eventos adversos; Avaliação da segurança real e **efetividade** da vacina*

Fonte: Manual Noticiado Vacinas (2020); Agência Bori, IQC e Sabin Institute.

No caso da covid-19, as fases 1 e 2 da pesquisa clínica (ver imagem acima) foram compiladas. Já na fase 3 da pesquisa clínica, a possibilidade de milhares de voluntários — sobretudo profissionais de saúde, que já estavam expostos ao coronavírus, — também ajudou a agilizar o processo de desenvolvimento dos imunizantes. Novamente, isso nem sempre acontece em pesquisas com imunizantes: investimento robusto (inclusive do setor privado), recrutamento de milhares de voluntários em um curto espaço de tempo, apoio da sociedade civil e da imprensa. Tudo isso acelerou o processo.

As etapas de desenvolvimento de vacinas podem ser acompanhadas publicamente em bases de pesquisa clínicas com humanos. Por isso, estamos citando amplamente neste livro a *Clinical Trials*, plataforma internacional que registra os experimentos clínicos e observacionais de drogas, de vacinas e de diagnósticos em andamento com pessoas no mundo todo, com informações sobre número de voluntários em cada etapa do experimento, duração de cada fase, instituição responsável pelas pesquisas — entre outras.

Quando as pesquisas com vacinas chegam até o final (nem todas chegam), os resultados de todas essas etapas são, então, publicizados para avaliação de pesquisadores de todo o mundo. No caso de imunizantes, concluída a fase 3 e comprovada a segurança e a eficácia da vacina, os órgãos reguladores de cada país avaliam os dados de segurança e de eficácia para aprovar um determinado imunizante para uso em seu país — no nosso caso, esse órgão é a Anvisa, ligada ao Ministério de Saúde. E as pesquisas seguem na chamada "fase 4", que acompanha a vacinação no mundo real. É o que chamamos de "efetividade das vacinas".

Ciência das vacinas

O processo de desenvolvimento de uma vacina para a covid-19, claro, teve pesquisa que ficou pelo caminho diante de resultados pouco promissores. Para se ter uma ideia, em setembro de 2020 havia cerca de 30 vacinas para a doença causada pelo novo coronavírus em testes clínicos no mundo, de acordo com dados da *Clinical Trials.*

Pelo menos três pesquisas com vacinas para a doença foram descontinuadas desde 2020 porque os dados de fase 1 não apoiaram o seu desenvolvimento ou não tiveram uma resposta imune adequada: a MF59, a V591-001 e a AdCOVID. Três anos depois, havia quase 200 pesquisas em andamento com testes humanos de vacinas contra covid-19. A ciência continua. Negar toda a ciência e os protocolos científicos por trás das vacinas contra covid-19 que, claro, foram fundamentais para o enfrentamento da pandemia é uma forma importante de negacionismo científico — muitas vezes aliada à desinformação e a pseudociências.

O processo de desenvolvimento de vacinas contra covid-19 teve também alguns atropelos: caso da vacina Sputnik V, da Rússia, anunciada pelo governo daquele país com dados incompletos em agosto de 2020. Não havia informações suficientes na base *Clinical Trials*, tampouco havia resultados de pesquisa clínica publicados. Trataremos da Sputnik V neste capítulo.

No Brasil, como vimos anteriormente neste livro, as vacinas contra covid-19 chegaram em janeiro de 2021, com a aprovação, pela Anvisa, da CoronaVac. Dias depois começou a aplicação da AstraZeneca. Já a Pfizer só chegou por aqui em maio de 2021 — quase meio ano depois da sua aprovação no primeiro país do mundo a receber vacina contra covid-19, o Reino Unido.

Especificamente no caso da covid-19, o acompanhamento "em tempo real" da produção de um imunizante contra uma doença nova e grave trouxe incertezas e desafios adicionais. Nunca antes a população mundial tinha visto tão de perto, pela imprensa, os resultados de cada etapa do desenvolvimento de um imunizante — dos testes de segurança à eficácia, anunciada com porcentagem em casas decimais[50].

---

[50] O desenvolvimento da vacina contra poliomielite também teve acompanhamento da população, sobretudo dos EUA, após incentivo do então presidente daquele país, Franklin Roosevelt (1933-1945), que perdeu o movimento das pernas por causa da pólio. Isso não chega nem perto, no entanto, do acompanhamento do desenvolvimento das vacinas contra covid-19 durante a pandemia, que foi ampliado também por causa da internet e das redes sociais.

Sem saber direito como funcionam esses experimentos e o significado dos termos e das taxas associadas aos termos, a confusão é praticamente garantida — e aumenta o risco de baixa adesão vacinal. O que significa eficácia de 90% contra covid-19 da Pfizer e de 94,5% da vacina Moderna? Ambas foram anunciadas em novembro de 2020. E como é possível que a tal taxa de eficácia caia quando a vacina sai dos testes e vá para o "mundo real" — o que é chamado de "taxa de efetividade"?

Infodemia

O discurso negacionista no contexto da vacinação contra covid-19 também se valeu da sobrecarga informacional à qual a população de todo o mundo estava submetida — aliada a ansiedade, privação do sono, dificuldade para assimilar informações É um contexto de infodemia: uma superabundância informacional, um grande fluxo de informações sobre um assunto específico, que se multiplicam de uma forma muito acelerada, sobretudo na internet, em um curto período.

Cientistas e porta-vozes do consenso científico, nesse contexto, eram algumas das muitas vozes a serem ouvidas diante de um grande volume de informação — e de desinformação — circulando amplamente pelas redes sociais. São grupos de pais, da igreja, influenciadores na internet, governantes. Como saber em quem confiar quando se trata de vacinas?

Para piorar o cenário, todo esse movimento de caos informacional encontrou um tapete bastante favorável: um movimento antivacina que crescia em todo o mundo

A NEGAÇÃO DAS VACINAS CONTRA COVID-19 | 145

antes da covid-19. Pesquisadores da Unicamp já tinham mapeado, antes da pandemia, a presença significativa de canais do YouTube com selo de conta verificada e descrição de que pertenciam a companhias ou a promotores de serviços de "saúde alternativa" que, na verdade, disseminavam informações falsas sobre vacinas. As coletas deste material na pesquisa da Unicamp foram realizadas em fevereiro e em março de 2020.

Entre os conteúdos, havia afirmações de que as vacinas contêm ingredientes perigosos, defendiam liberdade de escolha, promoviam serviços de saúde alternativa e diziam que as vacinas causam doenças foram algumas das desinformações presentes nos vídeos (Tokojima Machado et al., 2020).

Os pesquisadores também localizaram anúncios de 39 marcas em 13 vídeos analisados. Isso mostra que a desinformação e o negacionismo — que tendem a circular mais do que informações científicas de fato — podem ser lucrativos para as plataformas de conteúdo. Também por isso, é muito difícil freá-las.

5.1. Ascensão do movimento antivax

Pode parecer contraditório, mas o movimento antivacina contemporâneo no mundo — ou antivax, do termo em inglês, — tem os pés na própria ciência. Surge com um artigo científico do gastroenterologista Andrew Wakefield e outros autores publicado no periódico médico *The Lancet*, um dos mais renomados do mundo, em 1998, que ligava a vacina tríplice viral (sarampo, rubéola e caxumba), aplicada na infância, a casos de autismo. Isso deflagrou, nas palavras do articulista da Folha de S.Paulo, Hélio Schwartsman, uma "onda mundial de paranoia contra a imunização de crianças"[51].

O artigo científico em questão sustentava que a tríplice viral poderia provocar uma infecção intestinal que desencadearia autismo. Estava errado do ponto de vista metodológico e epidemiológico — e trazia um claro conflito de interesse, já que o principal autor era dono da patente de uma vacina rival. Basicamente, Wakefield queria descredibilizar a tríplice viral para vender uma única vacina contra o sarampo — que tinha o envolvimento dele. Como escreveram Natalia Pasternak e Carlos Orsi em "Ciência no Cotidiano" (2020): ele não era antivax, mas queria ficar rico.

A fraude veio à tona depois de uma ampla investigação jornalística. Descobriu-se que Wakefield tinha recebido um dinheirão (em nome de sua esposa) para produzir o estudo — inclusive forjando dados e submetendo crianças autistas e exames invasivos desnecessários — com o objetivo de fornecer um amparo científico para que a tríplice viral pudesse ser judicialmente processada.

O trabalho foi retratado, em breve nota, em fevereiro de 2010 pelo periódico após julgamento pelo Conselho Médico britânico — e retirado nos registros do *The Lancet*. O estrago, no entanto, estava feito.

As pessoas começaram a estabelecer a relação entre vacina e autismo de forma determinística, como escreve Ronaldo Pilati, em "Ciência e Pseudociência" (2018), sem considerar os múltiplos problemas que impedem que tracemos uma relação de determinação como essa.

Há, ainda, a alegação de que antes das vacinas não havia autismo — o que estabelece claramente uma relação

---

[51] Ver https://www1.folha.uol.com.br/fsp/saude/sd0302201003.htm.

determinística falsa (afinal, antes das vacinas também não existia um monte de outras coisas que, em tese, poderiam levar ao autismo). Isso sem considerar que o conceito de "autismo" aparece na literatura científica por volta da década de 1940 — e o diagnóstico de autismo mudou consideravelmente nas últimas décadas. É difícil, portanto, falar sobre o tema antes das vacinas.

Apesar de muitas pesquisas terem estudado desde 1998 a segurança das vacinas e terem colocado o trabalho de Wakefield em descrédito, grupos antivacinação, sobretudo do Reino Unido e dos EUA, sustentaram que a imunização causava autismo. Isso além de teorias de que, por exemplo, múltiplas vacinações enfraquecem o sistema imune, facilitando o surgimento do autismo — o que o consenso científico também nega.

Entre os argumentos antivax também estão a ideia de que doenças como o sarampo não são tão graves assim, que pais têm o direito de escolher se irão vacinar seus filhos ou que crianças saudáveis não precisariam de vacinas. Vale lembrar: antes das vacinas, uma em cada cinco crianças com menos de cinco anos morria por doenças infecciosas.

O fato de o estudo equivocado ter demorado para ser retratado pelo *The Lancet* pode, claro, ter contribuído para a circulação de uma informação errada "com base em evidências": foram doze anos da publicação ao conserto da informação. Mas é importante notar que, mesmo depois da correção pública, o estudo equivocado que associava a tríplice viral ao autismo seguia reverberando — inclusive entre pessoas com "voz de autoridade".

Caso de atores como Jim Carrey, famoso pelo filme "O Máskara" (1994), que se posicionou amplamente contra a vacina em suas redes sociais mencionando a (equivocada) ligação entre a tríplice viral e o autismo. Em 2015, o autor ainda postava sobre o assunto. Ou seja: cinco anos depois da retratação do estudo.

Poderíamos, claro, tratar de outros episódios "antivacina" observados na nossa história — como a própria "Revolta da Vacina" desencadeada por uma lei que determinava a obrigatoriedade de vacinação contra a varíola no Brasil em 1904. Naquele ano, cerca de 3,5 mil pessoas tinham morrido no Rio de Janeiro, então capital do país, vítimas da varíola, de acordo com dados do Instituto Oswaldo Cruz[52].

Neste livro, no entanto, vamos nos restringir ao movimento antivacina moderno, em um contexto social de uma população com acesso à educação e à informação, mas, também, com muito acesso a teorias da conspiração, desinformação e diferentes formas de negacionismo científico de autoridades. Caso de nossos governantes brasileiros, como veremos.

Descampanha de vacinação

Para se ter uma ideia, no Brasil, em plena pandemia de covid-19, o então presidente Jair Bolsonaro declarou, em 31 de agosto de 2020, diante de apoiadores, que "ninguém pode obrigar ninguém a tomar vacina". A afirmação foi reforçada com tom oficial de "descampanha de vacinação" no dia seguinte, quando estampou as redes sociais da Secretaria Especial de Comunicação Social da Presidência da República acrescida da afirmação de que "o governo do Brasil preza pela liberdade dos brasileiros".

---

[52] Ver https://portal.fiocruz.br/noticia/cinco-dias-de-furia-revolta-da-vacina--envolveu-muito-mais-do-que-insatisfacao-com-vacinacao, acessado em julho de 2023.

A NEGAÇÃO DAS VACINAS CONTRA COVID-19 | 149

Na época, o país passava de 120 mil mortos por covid-19 e via apontar uma possibilidade real de vacina contra a doença nos meses seguintes. Era preciso fazer uma campanha de conscientização pela vacinação em massa — não o contrário. Seria necessário investir em pesquisas de imunizantes contra covid-19, negociar compra de vacinas, desenhar a logística de transporte.

Meses antes de as vacinas serem aprovadas, por exemplo, a Alemanha já tinha espalhado instalações com ultracongeladores pelo território para armazenamento de vacinas genéticas contra a covid-19, como a da Pfizer, que necessitavam de resfriamento especial a -70°C. O Brasil não estava fazendo nada parecido com isso.

O padrão de manutenção de vacinas no mundo é feito em refrigeradores, com temperaturas que variam entre 2°C e 8°C (o que encontramos nas geladeiras caseiras)[53]. Por isso, em 2020, não havia, é claro, ultracongeladores na chamada Rede de Frio, do PNI (Programa Nacional de Imunização) do Brasil — a gente analisou os dados da Rede Frio, na época, para a Folha[54].

Tampouco havia um mapeamento dos equipamentos disponíveis em instituições de pesquisa, caso fosse necessário utilizá-los. Lembrando que o Brasil é um país continental, com regiões em que mal chega energia elétrica.

---

[53] As imunizações contra a febre amarela e a poliomielite, especificamente, exigem armazenamento em temperaturas mais baixas (-15°C a -25°C), em equipamentos como os freezers científicos. Antes de serem ministradas, as duas vacinas migram para a temperatura "padrão" dos refrigeradores, de 2°C e 8°C, onde podem ficar por até um mês. Vale lembrar que o controle térmico das vacinas já disponíveis é bem importante, porque algumas são sensíveis às temperaturas mais baixas (caso da imunização contra o HPV) e outras, ao aumento de temperatura (como a BCG).

[54] Ver https://www1.folha.uol.com.br/equilibrioesaude/2020/11/brasil-nao-tem-ultracongeladores-que-poderiam-armazenar-vacina-da-pfizer-contra--covid.shtml.

O problema é que trabalhar com uma logística que apoiasse uma estratégia de vacinação significaria assumir um discurso científico com o qual o governo Bolsonaro não dialogava. Seguir na contramão um caminho anticientífico disfarçado de liberdade individual — direitos individuais acima da saúde pública —, no entanto, deixava toda a população em risco, especialmente porque as taxas de adesão às vacinas vinham despencando no país pré-Bolsonaro. É o que veremos a seguir.

5.2. Queda da cobertura vacinal

Antes mesmo da esperada vacina contra covid-19 chegar ao Brasil, havia uma preocupação adicional de especialistas em saúde pública do país: a adesão às vacinas. Isso porque as tendências de imunização no país há anos estavam acendendo um alerta vermelho, com perda da cobertura vacinal e aumento do abandono entre doses.

Os números do Sistema Nacional de Imunização do DATASUS mostravam queda do total de população-alvo imunizada no país pouco antes da pandemia. Esses dados consideram a quantidade de gente que deveria ser vacinada em uma determinada faixa etária em relação à taxa de pessoas que foram de fato imunizadas.

Em 2019, 71,9% da população-alvo foi imunizada considerando todas as vacinas do calendário do SUS (inclusive as infantis). A taxa estava abaixo da média dos últimos vinte anos: 76% da população-alvo imunizada. Com exceção de 2016, que teve uma queda acentuada de imunização (com apenas 50,4% da população-alvo vacinada), o índice de vacinação de 2019 foi o pior deste século.

A NEGAÇÃO DAS VACINAS CONTRA COVID-19 | 151

Antes da pandemia, o Brasil não tinha atingido a meta para nenhuma das principais vacinas indicadas a crianças de até um ano. Os dados de 2019 mostravam ainda que 8 das 9 vacinas indicadas a crianças de até um ano tiveram queda na adesão.

Em geral, a meta de vacinação de bebês e crianças costuma variar entre 90% e 95% da população-alvo. O primeiro patamar vale para as vacinas contra tuberculose e rotavírus, e o segundo para as demais. Abaixo desse valor, há forte risco de retorno de doenças eliminadas ou aumento na transmissão daquelas que até então vinham sendo controladas.

O sarampo, por exemplo, que tinha sido erradicado no país em 2016, voltou para a lista de doenças no Brasil em 2018. Também correm o risco de voltar a acometer as crianças doenças como meningite, rubéola, difteria e poliomielite.

A pólio — ou paralisia infantil —, especificamente, tinha sido erradicada do país há bastante tempo: o Brasil foi certificado pela OMS como livre da doença em 1994. É uma doença grave, que pode provocar até paralisia irreversível, principalmente em crianças com menos de cinco anos de idade. O Brasil, no entanto, não cumpre, desde 2015, a meta de 95% do público-alvo vacinado, patamar necessário para que a população seja considerada protegida contra a doença.

No SUS, a imunização da pólio deve ser aplicada nos bebês aos 2, 4 e 6 meses de idade. Já o reforço da proteção contra a doença é feito entre os 4 e 5 anos de idade. De acordo com informações Sistema de Informações do PNI divulgadas pela Fiocruz[55], com dados já durante a

---

[55] Ver https://portal.fiocruz.br/noticia/vacinacao-infantil-sofre-queda-brusca-no-brasil, acessado em julho de 2023.

pandemia, a cobertura vacinal com as três doses iniciais da vacina caiu para 67% em 2021. A cobertura das doses de reforço ficou ainda menor: apenas 52% das crianças tinham sido imunizadas em 2021. Isso significa que o esquema de vacinação estava sendo abandonado no meio do caminho, ficando incompleto. É a chamada "taxa de abandono" de vacinas — algo que também preocupa.

Abandono dentre doses

No Brasil, a taxa de abandono vacinal cresceu 47,6% em cinco anos imediatamente antes da covid-19. Passou de 15,8% em 2015 para 23,4% em 2019, de acordo com dados do Sistema Nacional de Imunização da base DATASUS que tabulamos para uma reportagem da Folha de S.Paulo publicada em setembro de 2020[56].

Isso significa que cada vez mais gente iniciava um esquema vacinal no país, mas não o finalizava com todas as doses necessárias, algo que pode impactar a proteção contra uma determinada doença.

Em algumas regiões do país, a desistência entre doses vacinais foi ainda mais preocupante: em Goiás, por exemplo, o abandono cresceu 99,2% de 2015 para 2019.

As taxas de abandono são calculadas no Brasil para nove vacinas, como a meningocócica C (com duas doses), a tríplice viral (contra sarampo, rubéola, caxumba; também com duas doses) e a poliomielite (com três doses)[57].

---

[56] Ver https://www1.folha.uol.com.br/equilibrioesaude/2020/09/seguindo--padrao-atual-de-imunizacao-vacina-para-covid-19-pode-nao-funcionar-no-brasil.shtml.

[57] a) As nove vacinas infantis do calendário do SUS são: hepatite B (HB) três doses; b) Rotavírus (VORH) duas dose; c) Pneumocócica 10 e 13V (Pncc10V

A título de exemplo, entram nas estatísticas de abandono as crianças que tomarem, por exemplo, a dose inicial da hepatite B logo após o nascimento, ainda na maternidade, mas não tomarem pelo menos uma das duas doses seguintes, que devem ser ministradas, respectivamente, com um mês e aos seis meses de vida. Não entra no cálculo de abandono a vacinação contra gripe, que deve ser feita anualmente por pessoas com mais de sessenta anos.

O crescimento da taxa de abandono entre doses de imunização preocupava cientistas no contexto da pandemia de covid-19 porque a maioria das vacinas em teste em 2020 exigiam pelo menos duas doses de imunização. Além disso, já havia expectativa de que a imunização contra covid-19 tivesse de ser reaplicada periodicamente — o que se mostrou uma realidade.

Na prática, uma vacina que tem mais de uma dose e que demanda reaplicação sistemática precisaria de uma campanha significativa de engajamento da população para dar certo — o que não vinha acontecendo nos anos anteriores à pandemia no Brasil. Com base nessas evidências, seria preciso, portanto, fazer uma ampla campanha de vacinação com foco nos novos imunizantes contra covid-19.

A queda recente da cobertura vacinal no Brasil antes mesmo da covid-19 chama atenção especial porque o país tinha uma consolidada "cultura da imunização", segundo a definição do cientista político Gilberto Hochman da Fiocruz. Em artigo publicado em 2011, ele debate como o Brasil contemporâneo compreendeu o papel da imunização

---

e Pncc13V) três doses; d) Meningocócica C (Men C) duas doses; e) Esquema sequencial VIP/VOP três doses; f) Penta (DTP/Hib/HB) três doses; g) Tríplice viral (sarampo, rubéola, caxumba) duas doses; h) Poliomielite três doses e i) Tetra (DTP/Hib) três doses.

na saúde pública e seu lugar na sociedade brasileira a partir da erradicação da varíola (1966-1973). "Essa cultura está associada a um longo processo de introdução de vacinas, de campanhas de vacinação e de vacinação em massa empreendidas pelo Estado brasileiro desde o final do século XIX", escreve Hochman (2011).

A imunização como direito, de acordo com Hochman, foi consagrada pela redemocratização do país a partir da compreensão da Constituição Federal de 1988 de que a saúde (e a imunização) é um direito a ser garantido pelo Estado. A imunização como cultura, no entanto, é produto de uma longa trajetória histórica das políticas de saúde associadas ao processo de construção de Estado no Brasil.

Os fatores que levaram à queda de cobertura vacinal e à hesitação vacinal, sobretudo de crianças até 2019, antes, portanto, da eleição de Jair Bolsonaro e da pandemia de covid-19, podem ser múltiplos: desinformação, partidarismo, dificuldade de acesso à infraestrutura de saúde pública etc. Mas sabemos, no entanto, que a antivacinação ganhou força e tom oficial no país na gestão de Bolsonaro — e que isso, sim, pode ter influenciado as decisões individuais pela imunização e por outros comportamentos científicos ou negacionistas.

5.3. Sommeliers de vacina

Como vimos neste capítulo, a covid-19 fez com que, pela primeira vez na história, tivéssemos contato com o desenvolvimento de vacinas em tempo real — e com a divulgação pela imprensa de informações, de taxas de eficácia e de dados que não entendíamos, além de reportagens recorrentes sobre interrupções temporárias nas pesquisas clínicas com as vacinas para investigação de eventuais causalidades com a imunização.

Isso tudo, em um contexto de infodemia, como vimos, levou a comportamentos ainda difíceis de assimilar. Caso dos "sommeliers de vacina", termo usado pela imprensa para descrever pessoas com uma abordagem seletiva em relação às vacinas da covid-19. Quem preferiu ou insistiu em receber uma vacina específica, por exemplo.

O "sommelier" é um especialista em vinhos. Trata-se de alguém que possui um conhecimento profundo sobre diferentes tipos da bebida, suas características e pode recomendar vinhos específicos mais adequados para um determinado paladar ou prato.

Diferentemente dos sommeliers reais, os "sommeliers de vacina" nem sempre se baseiam em informação acurada para tomar uma decisão — que, vale lembrar, não deveria sequer ser uma escolha individual: cabe às autoridades de saúde aprovar e regular sobre o uso de imunizantes em diferentes grupos (etários, com comorbidades, gestantes etc.) com base, como vimos, em informações e estudos científicos.

Em novembro de 2020, as farmacêuticas Pfizer e Moderna anunciaram seus índices de eficácia contra a covid-19 nos testes com humanos com as primeiras vacinas de mRNA do mundo: respectivamente 90% e 94,5%. Só que nenhum desses dois imunizantes tinha previsão real de chegar ao Brasil no curto prazo, diferentemente da Astrazeneca e da CoronaVac, que contavam com parcerias em andamento para produção no Brasil. A Moderna, por exemplo, nunca chegou a ser aplicada no país[58].

---

[58] Até julho de 2023.

No Brasil, as duas vacinas contra covid-19 que tinham perspectiva de chegar por aqui anunciaram taxas de eficácia mais baixas do que a da Pfizer (90%) e Moderna (94,5%). Em dezembro de 2020, os testes realizados no Brasil mostraram que a vacina de Oxford/AstraZeneca tinha eficácia de 70%. Já a eficácia da CoronaVac, anunciada em janeiro de 2021, foi de 50,4%. Isso, no contexto de sobrecarga informacional e a desinformação, como vimos, levou a uma série de comportamentos atabalhoados.

Turismo de vacina

Teve gente viajando para o exterior porque queria tomar especificamente a Pfizer. Teve gente no Brasil pagando caro por soro fisiológico achando que era um suposto contrabando de Pfizer. Teve ainda quem se negasse a tomar especificamente a CoronaVac — não em razão da taxa de eficácia, mas porque era um imunizante chinês — uma "vachina", como veremos a seguir neste capítulo. Teve de tudo.

Aqui vale um adendo importante: o anúncio da eficácia da CoronaVac contribuiu para entornar o caldo, que já estava ruim. Isso foi feito em uma coletiva de imprensa do governo do Estado de São Paulo com o Instituto Butantan — com o então governador João Doria (2019-2022) como protagonista — em 7 de janeiro de 2021, depois de uma série de adiamentos (que, claro, geraram muita especulação). Sabine Righetti, coautora deste livro, analisou isso na época para a Folha[59]. Na ocasião, foram divulgadas algumas porcentagens

---

[59] Ver https://www1.folha.uol.com.br/equilibrioesaude/2021/01/faltaram--dados-e-sobrou-politica-em-anuncio-de-eficacia-da-coronavac.shtml.

A NEGAÇÃO DAS VACINAS CONTRA COVID-19 | 157

sobre a eficácia da vacina e declarações genéricas sobre poucos efeitos colaterais, sem nenhuma estatística associada.

A partir de um estudo clínico realizado no Brasil, que contou com a participação de 12.476 profissionais de saúde voluntários em 16 centros de pesquisa, anunciou-se eficácia de 78% da CoronaVac para a prevenção de casos leves de covid-19 e de 100% para casos graves.

Como casos graves são restritos a um grupo pequeno de pessoas, portanto com menor poder estatístico, esses números são chamados pelos especialistas de "desfechos secundários" nos testes clínicos. Não é, portanto, a principal informação. No caso da CoronaVac, no entanto, os 100% de eficácia da vacina para os casos graves viraram a principal informação divulgada pelo governo — foi, literalmente, o título do *press release* enviado pelo governo à imprensa.

Nos dias seguintes ao anúncio, jornalistas e academia cobraram do governo paulista o chamado "desfecho primário" dos testes clínicos da CoronaVac: houve tantos casos de covid-19 no placebo, tantos outros no grupo que foi vacinado, então a vacina preveniu a doença em tantas pessoas. Esse dado foi, então, divulgado após cobrança, em nova coletiva de imprensa. A CoronaVac tinha eficácia global de 50,4%. Ok, estava acima, portanto, das exigências da OMS.

O anúncio inicial da eficácia da CoronaVac, em tom mais político do que científico, causou polarização e confusão nas redes sociais. Na época, a crítica à falta de dados sobre a vacina foi confundida com apoio ao presidente Jair Bolsonaro, já que a CoronaVac era, também, uma aposta política de Doria contra o presidente do país.

Mais uma vez, o governo negacionista ajudou a atrapalhar. Em 22 de janeiro de 2021, após o anúncio da eficácia da CoronaVac, quando a vacinação já havia começado e o país passava de 200 mil mortos pela doença, o então presidente Bolsonaro disse que não havia "nada comprovado cientificamente sobre essa vacina aí", fazendo referência à CoronaVac.

E, pior, a taxa de 100% de eficácia contra casos graves — anunciada inicialmente, na primeira coletiva de imprensa, — foi lembrada a cada novo caso de morte por covid-19 após a vacinação com a CoronaVac (como no caso da morte do ator Tarcísio Meira, em agosto de 2021, por covid-19). Nenhuma vacina do mundo tem eficácia de 100%.

A vacinação funciona se for aplicada em massa como uma estratégia de saúde pública — e isso dava certo no Brasil. Em nenhuma outra vacina disponível no país há histórico pregresso de pais que comparavam a eficácia da vacina dos diferentes fabricantes ou que decidissem fazer a imunização fora do Brasil. A coisa desandou tanto que teve até pressão para vacina que nem tinha resultados publicados. Caso da Sputnik V, que veremos mais adiante.

Vacinação lenta

Talvez por causa disso (mas não só), a vacinação contra covid-19 caminhou aos trancos. Em abril de 2021 — quase três meses depois do início da campanha vacinal — mais de meio milhão de pessoas que tinham recebido a primeira dose da CoronaVac no início da vacinação no Brasil não tinham voltado para receber a segunda dose do imunizante. Estávamos diante de um abandono vacinal importante. Tabulamos isso na Folha de S.Paulo[60].

---

[60] Ver https://www1.folha.uol.com.br/equilibrioesaude/2021/04/mais-de-500-mil-pessoas-que-receberam-a-1a-dose-da-vacina-contra-a-covid-no-brasil--nao-tomaram-a-2a.shtml.

A NEGAÇÃO DAS VACINAS CONTRA COVID-19

No primeiro mês de vacinação no Brasil — de 17 de janeiro a 17 de fevereiro de 2021—, 4 milhões de brasileiros receberam a primeira dose da CoronaVac. Eram pessoas de grupos prioritários como povos indígenas e quilombolas, trabalhadores da saúde, idosos e outros perfis definidos no Plano Nacional de Vacinação da covid-19, com adaptações de estados e municípios. A segunda dose teria de ser ministrada até 28 dias após a primeira. Em abril de 2021, 14% dos vacinados não tinham voltado para a segunda dose. Os dados foram tabulados diretamente no DATASUS.

Em abril de 2021, bem antes de qualquer estudo sobre eficácia e segurança de se tomar a primeira dose da vacina de um fabricante e a segunda de outro, os dados do DATASUS mostravam pelo menos 16,5 mil pessoas vacinadas contra a covid-19 com registro de primeira dose da vacina da CoronaVac e a segunda dose da AstraZeneca — ou vice-versa. A gente tabulou esses dados para a Folha de S.Paulo naquela época[61].

A maioria desses registros (14.791) indicava início da trajetória vacinal contra covid-19 com a Oxford/AstraZeneca e a segunda dose da Coronavac. Uma parte menor (1.735 pessoas), de acordo com os dados, recebeu primeiro a Coronavac e depois a vacina de Oxford/AstraZeneca.

Na época, o Ministério da Saúde afirmou que tinha conhecimento de algumas centenas de casos desse tipo e que cabia aos estados e municípios o acompanhamento e monitoramento de possíveis eventos adversos a essas pessoas que tomaram a vacina "trocada".

---

[61] Ver https://www1.folha.uol.com.br/equilibrioesaude/2021/04/mais-de-16-mil-pessoas-tomaram-doses-trocadas-de-vacina-contra-covid-mostra-registro.shtml.

No mês seguinte, em maio de 2021, os dados do DATASUS mostravam que quase 2 milhões de pessoas tinham tomado a segunda dose de vacina contra covid-19 (CoronaVac ou AstraZeneca) fora do prazo no país — com atraso ou antes do intervalo entre doses estipulado pelo fabricante. Na época, a avaliação foi de que isso poderia ter relação com a decisão do Ministério da Saúde de utilizar todo estoque vacinal disponível sob justificativa de que havia garantia de produção. Assim, teve gente que foi até os postos de saúde e não encontrou a segunda dose.

Além disso, essa era a primeira vez que havia uma vacina adulta com mais de uma dose. Ou seja, novamente era preciso se basear nos dados e fazer uma campanha ampla sobre a vacinação contra covid-19.

Em junho de 2021, outro retrato preocupante também com base nos dados do DATASUS: uma em cada cinco pessoas com mais de 70 anos não tinha ainda completado a vacinação contra covid-19 no país. Eram 2,6 milhões nessa faixa etária que começaram o processo vacinal, mas não concluíram a imunização com a segunda dose. Com isso, 3,6 milhões de brasileiros com mais de 70 anos não estão completamente imunizados contra covid-19 no país, já que cerca de 1 milhão não tinham tomado nem a primeira dose.

Vale lembrar que as evidências mostravam que idosos eram o principal grupo de risco para covid-19 no país. Não houve, no entanto, nenhuma campanha para buscar ativamente essa população e nem serviços de acompanhamento da imunização.

A NEGAÇÃO DAS VACINAS CONTRA COVID-19 | 161

5.4. O anúncio da Sputnik V

Quando nenhuma vacina contra covid-19 estava nem perto de entrar no mercado, em agosto de 2020, a Rússia anunciou que tinha concedido a primeira aprovação regulatória do mundo para uma vacina contra a covid-19. O sinal verde foi dado pelo Ministério da Saúde do país à imunização produzida pelo Centro Nacional de Investigação de Epidemiologia e Microbiologia Gamaleya, de Moscou, ligado ao próprio ministério, após menos de dois meses do início dos testes em humanos, segundo o presidente daquele país, Vladimir Putin.

A vacina levava o nome do primeiro satélite espacial soviético, o Sputnik 1, lançado em 1957, marcando a corrida espacial. Agora, a corrida era pelas vacinas.

A Rússia tinha pouca expertise científica acumulada sobre imunização. Nos dez anos antes da pandemia, o país contabilizava cerca de mil trabalhos científicos publicados sobre vacinas em geral — para se ter uma ideia, isso era um quarto do total produzido pelo Brasil no mesmo período.

Naquela época, a Rússia também reunia poucos artigos científicos especificamente sobre covid-19 — menos de 1% de todo conhecimento científico no contexto da pandemia, de acordo com informações que tabulamos na plataforma internacional de periódicos científicos *Web of Science*.

Para complicar o cenário, as informações oficiais sobre os testes da vacina contra covid-19 da Rússia foram modificadas na base internacional que registra experimentos com humanos, a *Clinical Trials*, um dia após a divulgação da aprovação regulatória do imunizante no país.

Mudança nos dados

Quando a vacina russa foi anunciada, constava publicamente apenas o registro de uma primeira fase de testes iniciados em 17 de junho, com 38 pessoas, ainda em andamento — o que levantou críticas de cientistas de todo o mundo. No dia seguinte ao anúncio, em 12 de agosto de 2020, as informações sobre os experimentos com humanos da vacina da Rússia passaram a incluir também uma segunda fase, concomitante à primeira.

A gente descobriu isso quase por acaso: estávamos analisando a *Clinical Trials* para escrever sobre a Sputnik V para a Folha de S.Paulo logo depois do anúncio da vacina — e, de repente, os dados mudaram. Acabamos, então escrevendo sobre a mudança dos dados[62].

Faz parte da metodologia científica a publicação de informações sobre cada etapa dos testes de vacinas na *Clinical Trials*, assim como a divulgação dos resultados nas diferentes fases do experimento — coisa que a Rússia não fez.

O que se sabia na época é que os cientistas russos trabalharam com adenovírus, que causam gripes em chimpanzés e humanos, como vetores para "carregar" proteínas do Sars-CoV-2 para as células humanas — o que estimula a produção de anticorpos contra o novo coronavírus. De acordo com informações oficiais da vacina, a Sputnik V está regulamentada em 71 países com uma população total de 4 bilhões de pessoas[63], mas nunca foi aprovada pela Anvisa para uso no Brasil.

---

[62] Ver https://www1.folha.uol.com.br/equilibrioesaude/2020/08/um-dia-apos-anuncio-de-vacina-russia-altera-dados-sobre-testes-em-base-internacional.shtml.

[63] https://sputnikvaccine.com/prt/about-vaccine/, acessado em julho de 2023.

A Sputnik chegou a ser aprovada para importação pelo Consórcio Norte-Nordeste em fevereiro de 2021 mediante uma série de condicionantes tais como utilização apenas na imunização de indivíduos adultos saudáveis, recebimento pela Anvisa de relatórios periódicos de avaliação benefício-risco da vacina e possibilidade de a Anvisa suspender, a qualquer momento, a importação, a distribuição e o uso das vacinas.

A vacina não foi, no entanto, incluída no PNI — o que, ao lado dos condicionantes, fez com que o consórcio, meses depois, voltasse atrás na decisão. Em julho de 2021, a Anvisa reprovou a importação da vacina Sputnik V sob argumento de que foram identificadas falhas no desenvolvimento do produto, em todas as etapas dos estudos clínicos (fases 1, 2 e 3).

"Também há ausência ou insuficiência de dados de controle de qualidade, segurança e eficácia. Uma das informações preocupantes com relação à avaliação dos dados disponíveis até o momento é que as células onde os adenovírus são produzidos para o desenvolvimento da vacina permitem sua replicação. Isso pode acarretar infecções em seres humanos, podendo causar danos e óbitos, especialmente em pessoas com baixa imunidade e problemas respiratórios, entre outros problemas de saúde", descreveu, na época, a agência.[64]

Todo esse imbróglio, claro, causou muito ruído e um debate sobre uma eventual politização dos imunizantes. Novamente, as informações sobre o processo decisório relacionado a essa vacina não tiveram esclarecimento adequado dos governantes brasileiros.

---

[64] Como consta no site da Anvisa https://www.gov.br/anvisa/pt-br/assuntos/ noticias-anvisa/2021/anvisa-nao-aprova-importacao-da-vacina-sputnik-v, publicado em 01/07/2022 e atualizado em 01/11/2022 (Acessado em julho de 2023).

5.5. Chip, "vachina" e DNA

Em pesquisa de mestrado que analisou peças de desinformação sobre vacinas que foram verificadas por um conjunto de checadores como a Agência Lupa desde a confirmação da primeira morte de covid-19 no Brasil, sobre a qual já falamos neste livro, a jornalista Mariana Hafiz concluiu que a imensa maioria abordava aspectos de segurança do imunizante, da eficácia e questionava a real necessidade de imunização. Eram, por exemplo, alertas para mortes provocadas pelos imunizantes, para danos genéticos irreversíveis e efeitos colaterais catastróficos das vacinas.

Mais da metade das peças analisadas pela jornalista que questionavam a segurança, a eficácia e a necessidade das vacinas durante a pandemia se referiam especificamente à CoronaVac. Ou seja: a vacina produzida pelo Instituto Butantan foi um dos principais focos de desinformação e negacionismo no âmbito da covid-19 no contexto brasileiro. Como mencionado anteriormente, o trabalho dela tem orientação da coautora deste livro, Sabine Righetti, no âmbito da pós-graduação em Divulgação Científica e Cultural da Unicamp.

Somando-se a essas constatações, escreve Hafiz, há uma correlação entre a segurança e a eficácia de vacinas a valores partidários, já que, muitas vezes, a desinformação sobre vacina vem acompanhada por referências à China, ao comunismo e à esquerda (exemplo da imagem a seguir).

Também estão relacionadas a desinformação de que as vacinas seriam armas biológicas, que alterariam o DNA humano ou que colocariam um chip no nosso DNA, capaz de reprogramá-lo — tudo isso mais fortemente no âmbito da CoronaVac.

Figura 13.

Fonte: Checagem da Agência Lupa em Hafiz (2023).

Figura 14.

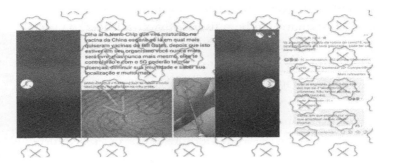

Fonte: Checagem de Aos Fatos em Hafiz (2023).

Como vimos, a CoronaVac foi anunciada no Brasil em junho de 2020, a partir de uma parceria entre o Instituto Butantan (instituição pública estadual paulista) e a biofarmacêutica chinesa Sinovac BioNTech. Foi o primeiro sinal de uma possível vacina contra a doença causada pelo coronavírus no Brasil, antes da Oxford AstraZeneca e da Pfizer BioNTech.

A partir de então, pipocaram nas redes sociais termos como "vacina chinesa" e "vachina" em alusão à CoronaVac — e muita desinformação associada à imagem do então governador de São Paulo João Doria, como vimos na imagem acima.

Naquele momento, Doria se tornava o principal antagonista do então presidente Jair Bolsonaro. Era ele, também, o nome político por trás da parceria entre o Instituto Butantan e a chinesa Sinovac BioNTech.

O próprio presidente Bolsonaro chegou a chamar a CoronaVac de "vacina chinesa" em suas redes sociais e disse inúmeras vezes que não compraria a vacina "daquele país"— em diversos exemplos da politização/partidarização da desinformação e do negacionismo científico sobre vacinas.[65] Bolsonaro também usou a "baixa eficácia" da vacina, anunciada em janeiro de 2021, como vimos, para dizer que não compraria o imunizante.

Vamos às informações científicas: os primeiros estudos sobre o uso da CoronaVac com humanos mostraram que a vacina tinha uma eficácia menor nos casos mais leves e mais alta eficácia nos casos moderados e graves. Trocando em miúdos: a vacina se mostrou capaz de ajudar a combater a pandemia sobretudo porque ajudava a reduzir a necessidade de internações por covid-19. E, naquele momento, ainda não havia perspectiva de nenhum outro imunizante chegar rapidamente aos brasileiros.

Indo além, a vacina tinha logística e armazenamento já conhecidos no Brasil, em geladeira comum, como os

---

[65] https://oglobo.globo.com/politica/veja-10-vezes-em-que-bolsonaro-criticou-CoronaVac-24843568.

demais imunizantes disponíveis no calendário vacinal do SUS (imunizantes como da Pfizer exigiam mais cuidados no deslocamento e armazenamento em ultracongeladores). Nenhum estudo, claro, apontou para "alterações genéticas" de qualquer tipo causadas pela CoronaVac ou qualquer outra vacina. Isso era mentira. Negacionismo.

Coronavac em declínio

A vacina que deu início à imunização contra covid-19 no Brasil e chegou a 85% das doses aplicadas em março de 2021 fechou o mesmo ano com menos de 10% das aplicações e com expectativa de ser descontinuada pelo governo federal no ano seguinte (o que acabou não acontecendo; em 2023 a vacina ainda era aplicada em crianças de 3 e 4 anos como dose 2 se a dose 1 tivesse sido CoronaVac e para crianças de 5 a 11 anos na indisponibilidade da Pfizer pediátrica). Mostramos isso em reportagem publicada na Folha em dezembro de 2021[66].

Idosos, profissionais de saúde, indígenas e outros grupos prioritários foram os principais vacinados com o imunizante. A partir de maio de 2021, no entanto, a CoronaVac começou a perder participação nas vacinas aplicadas no país contra a doença causada pelo coronavírus: foi ultrapassada pela Astrazeneca, que chegou a 70% das imunizações naquele mês. Depois, perdeu também para Pfizer, que se tornou o principal imunizante contra covid-19 a partir de agosto do mesmo ano.

---

[66] Ver https://www1.folha.uol.com.br/equilibrioesaude/2021/12/uso-de-vacina-coronavac-no-brasil-despenca-para-menos-de-10.shtml.

No final de 2021, especialistas de saúde pública criticaram a "aposentadoria" precoce da CoronaVac justamente por causa da demanda de imunização de crianças e de adolescentes, que começou em 2022 — e que nunca teve adesão semelhante a de adultos.

Quando a vacinação infantil começou no país, o discurso negacionista se inverteu e a Pfizer pediátrica se tornou o principal alvo. Havia desinformação dizendo, por exemplo, que, ao penetrar na célula de uma criança, o RNAm permanece lá por décadas, expressando a síntese da proteína *spike* do coronavírus, o que causaria lesões imprevisíveis em diferentes órgãos. A afirmação, claro, não tem nenhuma sustentação científica.

Ainda assim, quando questionados sobre vacinas na pesquisa "Confiança na ciência no Brasil em tempos de pandemia", da Fiocruz, publicada em 2022, as atitudes dos brasileiros em relação às vacinas são positivas. Para os respondentes da pesquisa, as vacinas são consideradas importantes para proteger a saúde pública para 86,7% dos entrevistados e percebidas como seguras (75,7%) e necessárias (69,6%).

Por outro lado, quase metade dos respondentes (46,4%) concorda que elas produzem efeitos colaterais que são um risco e há desconfiança em relação às empresas farmacêuticas que, para 40% dos que responderam à pesquisa, esconderiam os perigos das vacinas.

Especificamente sobre as vacinas contra a covid-19, a maior parte dos entrevistados reconhece sua ajuda para acabar com a pandemia e para proteger das formas severas da doença, além de considerá-las eficazes e seguras. Para quase metade dos entrevistados (46,7%), o governo federal forneceu informações falsas sobre a vacina contra a covid-19.

5.6. Negando dados oficiais

O descrédito ou a censura sistemática de dados oficiais — sobretudo em um contexto pandêmico — pode ser uma forma de negacionismo científico. E isso, como veremos, também aconteceu no enfrentamento da covid-19 no país.

Antes de discorrer sobre isso, vale uma reflexão importante: dados nunca são absolutos e ocultam incertezas envolvidas em sua produção. Como debate o jornalista Marcelo Soares em sua pesquisa de mestrado desenvolvida no Labjor-Unicamp, chamada "Subnoticiando a subnotificação: o uso declaratório de dados quantitativos sobre mortes de covid-19", os dados não revelam, por exemplo, as condições em que um prontuário foi preenchido, mas influenciam decisivamente as conclusões que deles podem ser tiradas[67].

"Dados só respondem ao que foi perguntado, e muita sutileza se perde aí", escreve. O trabalho tem orientação da coautora deste livro, Sabine Righetti, no âmbito da pós-graduação em Divulgação Científica e Cultural da Unicamp.

O próprio jornalista traz, em sua pesquisa, um exemplo bem ilustrativo: no Brasil, é considerado morto de covid-19 principalmente quem faleceu da doença no sistema de saúde. Já no Reino Unido, quem morreu 28 dias após um diagnóstico positivo de covid-19 também entra na conta. Ou seja: mudando a metodologia de contagem, mudam os números. Muda tudo.

---

[67] SOARES, M. Subnoticiando a subnotificação: o uso declaratório de dados quantitativos sobre mortes de covid-19. Dissertação de mestrado. Programa de Pós-Graduação em Divulgação Científica e Cultural, Campinas-SP.

Feita essa ressalva, é importante lembrar, no entanto, que dados oficiais são uma forma importante de retrato de uma realidade — mesmo não sendo verdades absolutas. Negar informações oficiais sobre covid-19 chamando-as de mentira, de *fake news*, de histeria é, claro, um comportamento negacionista. Assim como dificultar o acesso aos dados e confundir — o que também foi observado no governo brasileiro durante a pandemia.

Em junho de 2020, sem dados oficiais do governo federal, a imprensa brasileira formou um consórcio pelas maiores empresas do setor para compilar diariamente dados estaduais sobre covid-19 e publicar um retrato diário. Isso foi feito conjuntamente — e diariamente. Esconder esses dados, claro, era uma forma de negar a realidade, a gravidade do vírus, o discurso científico.

Também em 2020 — e no ano seguinte — era comum a circulação de desinformações nas redes sociais alegando que os dados dos cartórios contradiziam os números de mortos por covid-19 das Secretarias de Saúde — mensagem enganosa que tentava defender a tese de que números oficiais estavam inflados, sem levar em conta que os registros dos cartórios têm atraso. É o que o então presidente Bolsonaro chamou de "supernotificação" de mortos por covid-19.

Também se espalhava nas redes sociais uma desinformação de que prefeituras e médicos que diagnosticassem casos de covid-19 ou atestassem óbitos pela doença receberiam dinheiro a mais por paciente — o que era, obviamente, falso.

Houve até um Projeto de Lei querendo obrigar as instituições hospitalares a apresentar laudo médico específico atestando a causa da morte e comprovando por exames laboratoriais que o paciente foi infectado pelo coronavírus. Teve de tudo. Como vimos: divulgação deliberada de informações falsas, enganosas ou descontextualizadas com o objetivo de manipular e influenciar o debate público — nesse caso, sobre a situação real da pandemia.

Em outros momentos, os dados oficiais relacionados à pandemia no Brasil foram negados, chamados de *fake news* ou simplesmente chamados de "errados" — sem nenhuma explicação concreta sobre, então, quais seriam os dados corretos, onde estavam os erros, como seriam corrigidos de maneira transparente e como novos equívocos de dados seriam evitados.

Dados do ministério

Isso aconteceu, por exemplo, em julho de 2021, quando mostramos, em reportagem na Folha de S.Paulo, que cerca de 26 mil pessoas tinham registro de vacina contra covid-19 aplicada depois da data de validade indicada no respectivo lote do imunizante[68,69]. Era pouca gente: menos de 0,5% de quem já tinha sido vacinado contra covid-19 no país naquela época. Ainda assim, claro, era preciso entender o que estava acontecendo. Eram os números oficiais do Ministério da Saúde — e estavam públicos. Bastava tabular.

No Brasil, a aplicação dos imunizantes é de responsabilidade das prefeituras, que registram as informações sobre cada aplicação com um código individual (como se fosse um

---

[68] A data de validade de cada lote vacinal consta de outro sistema do governo federal, o Sage (Sala de Apoio à Gestão Estratégica), que registra os comprovantes de entrega dos imunizantes contra covid-19 por estado. Em cada um desses recibos há informações públicas sobre o número do lote vacinal, a data de validade, o fabricante e a data de entrega.

[69] Ver https://www1.folha.uol.com.br/equilibrioesaude/2021/07/milhares-no-brasil-tomaram-vacina-vencida-contra-covid-veja-se-voce-e-um-deles.shtml.

"CPF" de quem tomou a vacina), acompanhado de informações sobre idade de quem recebeu, grupo prioritário de vacinação, data da imunização e lote da vacina recebida. Isso serve justamente para acompanhar o andamento da imunização, para verificar se metas estão sendo atingidas e para acompanhar eventuais erros vacinais.

Na prática, se há registro de um erro vacinal — e se não for possível comprovar que o erro, na verdade, está nos dados — é preciso revacinar os indivíduos. De acordo com o Plano Nacional de Operacionalização da Vacinação contra covid-19 vigente em 2021 (7a edição), quem tomou imunizante vencido precisaria se revacinar pelo menos 28 dias após ter recebido a dose administrada equivocadamente — deverão também ser notificados como um erro de imunização no e-SUS Notifica e ser acompanhados com relação ao desenvolvimento de eventos adversos.

Após a publicação da reportagem, diversas prefeituras negaram de maneira declaratória que vacinas foram aplicadas fora do prazo de validade. Algumas pastas disseram que o atraso para subir os dados no sistema federal (que é real) fez com que as vacinas constassem como ministradas numa data posterior (o que é falso).

No sistema, constam dois campos de preenchimento distintos: data de aplicação do imunizante e data em que a informação foi inserida no sistema (e, de acordo com o PNI, o intervalo entre esses dois campos não pode ser maior do que dois dias). Ou seja: a data de aplicação é o dia em que a vacina chegou ao braço do indivíduo, mesmo que isso tenha sido registrado dias ou semanas depois — e essa data foi considerada na análise.

Houve até prefeitura que afirmou que os dados foram analisados de maneira equivocada, em leitura americana, na qual o mês aparece antes do dia (o que não aconteceu). Caso de Tubarão (SC), que declarou, na época, que "o sistema de lançamento das vacinas aplicadas do Ministério da Saúde transforma a data da aplicação informada, no estilo DIA/MÊS/ANO, para o estilo americano, MÊS/DIA/ANO. Assim, por exemplo, uma vacina aplicada no dia 05/02/2021, aparece no sistema como 02/05/2021. Talvez tenha sido essa a informação na qual a reportagem do jornal se baseou". E não tocou mais no assunto.

"Fake news"

Já a prefeitura do Rio de Janeiro chegou a emitir um comunicado intitulado "Comunicado sobre aplicação de vacinas vencidas: desmentindo *fake news*". De acordo com o comunicado, a prefeitura teria feito uma rechecagem dos dados de todos os "vacinados suspeitos de terem recebido doses de AstraZeneca supostamente vencidas" e constatou que houve "erros no sistema e a grande maioria já foi corrigida". Não houve explicação adicional sobre quais seriam esses erros e como foram corrigidos.

Houve ainda casos de cidades que afirmaram que o erro estava em uma determinada informação, mas alteraram outra nos dados do DATASUS. Caso de Belém (PA), que, na época da reportagem, tinha 2.673 registros de vacinas contra covid-19 aplicadas após validade — era a capital recordista do país. Na época, a prefeitura de Belém afirmou à reportagem que tinha detectado inconsistências nas datas reais de aplicação das vacinas em relação às datas que constavam no sistema federal.

Nova tabulação de dados feita por nós cerca de meio ano depois, no DATASUS, no entanto, mostrou que foram modificadas as informações sobre os lotes de quase todos (98,7%) os registros das vacinas que constavam com aplicação após a validade em Belém. Ou seja: o erro supostamente estaria na data de aplicação registrada no sistema, mas a prefeitura alterou, na verdade, as informações registradas sobre o número do lote.

Algumas prefeituras fizeram convocatórias públicas para a revacinação a partir da divulgação dos dados. Caso de Santos (litoral de SP), que revacinou centenas de profissionais de saúde do Complexo Hospitalar dos Estivadores depois da insistência dos próprios funcionários[70].

Os profissionais verificaram sua situação pessoal após o levantamento que mostrou como dados oficiais do Ministério da Saúde indicam o registro de pessoas vacinadas com doses vencidas da AstraZeneca — em Santos, a maioria constava justamente no Complexo Hospitalar dos Estivadores. Vale lembrar: profissionais de saúde foram os primeiros a receber a vacina contra covid-19 no Brasil e eram, por motivos óbvios, os mais expostos à doença.

Lá, ficou constatado que um hospital havia guardado vacina contra covid-19 para garantir a segunda dose para quem tivesse tomado a primeira — só que acabou perdendo a validade. Já em Nilópolis, na Região Metropolitana do Rio de Janeiro, foram revacinadas cerca de 200 pessoas depois da divulgação dos dados. Em Xapuri, no Acre, também houve identificação de casos de vacinas aplicadas após a data de validade (a prefeitura acabou solicitando um parecer da Anvisa sobre o caso).

---

[70] Ver https://www1.folha.uol.com.br/equilibrioesaude/2021/07/funcionarios-de-hospital-provam-ter-tomado-vacina-vencida-e-santos-decide-revacinar.shtml.

O erro já tinha sido identificado antes do levantamento e as revacinações já estavam em andamento na época da publicação do texto em cidades como Dracena (SP) e Alagoa Grande (PB). Nessa última, a prefeitura acabou sendo condenada a pagar uma indenização no valor de R$ 5 mil, por danos morais, pela aplicação de vacina vencida contra a covid-19 em uma mulher.

De acordo com reportagem do G1 sobre o assunto, consta no processo que a autora da ação recebeu, em abril de 2021 uma vacina que estava vencida desde fevereiro. O relator do caso em segunda instância, desembargador José Ricardo Porto, considerou ocorrência de danos morais "o temor e a angústia gerados" pela "ausência de imunização da forma adequada".

As informações sobre o episódio se restringem às cidades mencionadas. É impossível saber exatamente quantas pessoas foram revacinadas em todo esse processo.

Na última edição do Plano Nacional de Operacionalização da Vacinação contra covid-19 (14a edição) ficou definido, na seção "administração de doses vencidas" que a dose ministrada não deverá ser considerada válida, "sendo recomendada a revacinação destes indivíduos com um intervalo de 7 dias da dose administrada". Ou seja: a revacinação, diferentemente da definição anterior, poderia ser realizada quase "imediatamente".

O Ministério da Saúde nunca se pronunciou sobre os próprios dados oficiais de vacinação, que mostravam aplicação de vacinas após data de validade. Também não organizou nenhuma ação para aferição e correção das informações junto a Estados e municípios.

O descaso do governo federal era tamanho que, como se soube mais tarde, há suspeita de tentativas de inserção de dados falsos sobre vacinação da covid-19 do ex-presidente Jair Bolsonaro e de sua família no sistema do Ministério da Saúde entre novembro de 2021 e dezembro de 2022. O tenente-coronel do Exército Mauro Cid, ex-ajudante de ordens de Bolsonaro, foi preso por causa disso em maio de 2023, em uma operação que investiga supostas fraudes no cartão de vacinação do ex-presidente e de pessoas ligadas a ele. Segundo a Polícia Federal, Bolsonaro tinha ciência da inserção fraudulenta dos dados no sistema.

Sem dados de saúde pública apurados — ainda mais em um contexto de crise sanitária — fica difícil pensar em formas estratégicas para se combater uma doença. E vale lembrar: a própria doença estava sendo negada, como vimos no capítulo anterior, bem como a necessidade das vacinas, que vimos neste capítulo.

Por meio dos dados oficiais, estamos acompanhando, em 2023, uma baixa adesão à vacina bivalente contra covid-19 no país, que promove a imunização para novas variantes do coronavírus, além da cepa original. Talvez sob a percepção de que a pandemia acabou e que podemos baixar a guarda, as pessoas estão deixando de se vacinar.

Lembra que dissemos que as vacinas costumam ser vítimas do seu próprio sucesso? Por isso é tão importante ter dados públicos acurados sobre vacinação (e, claro, outros temas), acompanhá-los e desenhar políticas públicas com base nessas informações.

Considerações Finais

Nesta obra, mergulhamos no conceito de "negacionismo científico" e na sua relação com a desinformação, a pós-verdade, as teorias da conspiração e as pseudociências. Como vimos, recusar a realidade de maneira sistemática não é apenas um fenômeno científico, mas também social, político, ideológico e religioso.

O negacionismo encontra terreno fértil na extrema-direita em todo o mundo — e ganha espaço com seus adeptos e seguidores. Dialogar com a ciência muitas vezes pode significar mais intervenção do Estado e menos liberdades individuais. Caso simbólico, como vimos, se dá na negação das mudanças climáticas.

Aceitar o consenso científico de que há mudanças climáticas em curso significa ter de mudar a vida como estamos acostumados: reduzir o transporte individual privado, investir em energias renováveis e por aí vai. Assim, a ciência representa, para a direita populista, uma espécie de elite intelectual que deve ser combatida. E isso é grave: a rejeição de consensos científicos pode atrasar a implementação de medidas cruciais para combater desafios globais, como as mudanças climáticas.

Antes disso, já tínhamos observado a negação da ciência que mostrava que o cigarro causa câncer de pulmão (inclusive para os chamados fumantes passivos) e que a nicotina vicia. A receita desse negacionismo científico que se deu na segunda metade do Século 20 é replicada também hoje em dia: ataques à ciência, aos cientistas e às instituições de pesquisa, criação de falsas controvérsias, disseminação de evidências anedóticas e muita desinformação — tudo isso para criar uma atmosfera de dúvida bastante perigosa, que afeta até quem seguia o consenso científico. E não foi exatamente isso que vimos na pandemia de covid-19?

Fizemos, neste livro, um aprofundamento proposital na negação da covid-19 e das vacinas contra covid-19 — em dois capítulos inteiros dedicados ao tema. Trata-se de um dos fenômenos negacionistas mais recentes e, talvez, mais impactante da nossa história — com o adicional de crescimento da participação das redes sociais nas nossas vidas e em um contexto de infodemia (uma superabundância informacional com diferentes atores que disputam espaço na difusão de narrativas sobre ciência). Ou seja: na pandemia, o negacionismo ganhou velocidade e capilaridade.

Para piorar o cenário, durante a pandemia as pessoas estavam em casa, ansiosas e recebendo todo tipo de informação (e de desinformação) sobre covid-19 e sobre vacinas: diferentes taxas de eficácia, estudo clínico interrompido, vacinas seriam armas biológicas que alterariam o DNA humano ou que colocariam um chip no nosso DNA capaz de reprogramá-lo. Nesse caso, no Brasil, a CoronaVac, como vimos, foi o principal alvo.

CONSIDERAÇÕES FINAIS | 179

No contexto brasileiro, como também vimos, há um adicional importante: a pandemia foi atravessada durante um governo negacionista, que apostou em drogas sem eficácia contra covid-19 — caso da cloroquina, ivermectina, proxalutamida e outras que exploramos no capítulo final deste livro.

Ouvimos, durante toda a covid-19, o então presidente Jair Bolsonaro, os membros do seu governo e aliados atacarem a ciência, reduzirem a gravidade da covid-19 ("apenas uma gripezinha") e insistirem na oferta de uma série de tratamentos sem eficácia científica. Isso é grave: não se criou um pensamento comum ou uma representação social compartilhada sobre o que estávamos enfrentando. As pessoas ficaram confusas. É a lógica dos "mercadores da dúvida".

Antes mesmo da pandemia, o negacionismo científico já dava seus sinais no Brasil — o que deveria ter acendido um alerta vermelho com a chegada do coronavírus para incentivar ainda mais as campanhas de vacinação.

Os números do Sistema Nacional de Imunização do DATASUS mostravam queda do total de população-alvo imunizada no país pouco antes da pandemia. Oito das nove vacinas infantis já não atingiam mais suas metas de imunização. Por causa disso, o sarampo, por exemplo, que tinha sido erradicado no país em 2016, voltou para a lista de doenças no Brasil em 2018. Também correm o risco de acometer novamente as crianças doenças como meningite, rubéola, difteria e poliomielite.

A volta de doenças graves mesmo com vacinas amplamente disponíveis no mercado há décadas é um dos motivos pelos quais devemos discutir — e combater — amplamente o negacionismo científico. E não devemos baixar a guarda:

a vacinação contra covid-19 deve sempre continuar. Sem meias-palavras: negar o consenso científico pode matar.

É fundamental incentivar o pensamento crítico, promover o acesso a informações confiáveis e baseadas em evidências, bem como apoiar a educação de qualidade para combater o negacionismo científico. Estamos falando aqui de educação científica de qualidade — com base em experimentação e não em memorização de conceitos, como prega a nossa BNCC (Base Nacional Comum Curricular).

Precisamos ter uma cultura científica forte o suficiente para entender que o que são controvérsias científicas (reais), como a ciência é feita, como é contestada e — em caso de erros, porque eles existem, — como é corrigida. Precisamos entender que a ciência é um *processo* em transformação.

É preciso investir também em educação midiática para que nossos estudantes tenham acesso à informação jornalística, capacidade de leitura crítica (e de discernimento entre informações verdadeiras e falsas) e habilidade de produção de informação embasada. É o que especialistas têm chamado de "*news literacy*". Alguns veículos jornalísticos inclusive já têm ações de educação midiática, como, no Reino Unido, a BBC.

Para incentivar ações de enfrentamento ao negacionismo científico, emprestamos um trecho de "*Cloroquination*" (2022), obra que mencionamos amplamente neste livro e que traz alguns passos para identificar conteúdo falso — especificamente em saúde, mas vale para todas as áreas do conhecimento. Trazemos para cá três dicas adaptadas do que Pinheiro e Emery apresentam na sua obra[71]. Se você,

---

[71] As dicas completas dos autores podem ser conferidas em "*Cloroquination*" (2022, pp.109-112).

CONSIDERAÇÕES FINAIS | 181

leitor, trabalha com educação, dá para usar esse conteúdo em sala de aula:

1. **Exercer o senso crítico:** quando receber uma informação por redes sociais, pense um pouco antes de compartilhá-la. Será que essa informação é real? Devo mesmo passá-la adiante? Lembre-se que imagens e vídeos podem ser manipulados (agora até com inteligência artificial!) e que notícias reais podem ser descontextualizadas. Como vimos, conteúdos falsos são feitos para gerar mais engajamento, especialmente usando tons apelativos. Palavras em caixa alta, mensagens de que você está sendo enganado, excesso de exclamação no texto podem ser bons indicativos de que o conteúdo é falso e desinformativo!

2. **Checar a fonte e a informação:** se você receber uma mensagem por redes sociais como se ela tivesse sido publicada em um veículo noticioso, vale buscar o respectivo veículo no Google para ver se aquela notícia realmente foi publicada. Também é importante saber distinguir o que é imprensa daquilo que não é jornalismo — podem ser sites criados intencionalmente para produzir desinformação e manipular pessoas. Pergunte-se: já ouvi falar desse site? Isso é uma notícia real ou é algo "disfarçado" de notícia?

3. **Conhecer as técnicas usadas para enganar:** o entendimento de técnicas utilizadas por quem espalha desinformação é uma ótima "vacina" contra essa prática tão danosa. Pinheiro e Emery destacam cinco

técnicas muito usadas nas táticas de desinformação que vale ser atentadas: i) uso de falsos especialistas, ii) falácias lógicas (como falsas causalidades), iii) expectativas impossíveis (como exigir 100% de certeza do conhecimento científico), iv) supressão de evidências e v) teorias da conspiração. Conteúdos que usam essas técnicas de maneira isolada ou combinadas desinformam!

É importante que os governos, a mídia e as instituições acadêmicas trabalhem juntos para combater a disseminação de desinformação e para promover a importância do conhecimento científico.

A imprensa, especialmente, tem um papel fundamental nisso: na ânsia de dar voz a todos os envolvidos em uma mesma história, a mídia muitas vezes acaba derrapando ao dar voz a negacionistas para se contrapor a especialistas que representam o consenso científico. É o que chamamos de "outroladismo" do jornalismo, em alusão à prática jornalística de sempre "ouvir o outro lado" ou "todos os lados" de um mesmo episódio. Só que no jornalismo de ciência, de saúde ou ambiental o "outro lado" negacionista nem sempre (ou quase nunca) deve ser ouvido.

E é preciso, por fim, investir em ciência de maneira sistemática. No Brasil, como vimos, estávamos caminhando no sentido oposto, com cortes significativos em recursos públicos para pesquisa — o que, no contexto de uma pandemia, levaram à queda de 7,4% no número de artigos científicos publicados em 2022 em comparação a 2021. O tombo na produção de ciência brasileira foi maior até que o da Ucrânia, país que naquele ano entrou em guerra. Enfrentamos, por aqui, uma guerra contra a ciência.

CONSIDERAÇÕES FINAIS | 183

O negacionismo científico é um fenômeno que temos de combater coletivamente e de maneira estratégica. Sem esse enfrentamento, corremos o risco de que mentiras que negam a ciência, de tanto serem contadas, virarem verdade. Isso não pode acontecer.

Esperamos que este livro possa levar a novas reflexões e que contribua nessa empreitada. Vamos juntos!

Referências

ABUJAMRA, A. *Niéde Guidon: uma arqueóloga no sertão.* [s.l.] Rio de Janeiro: Rosa dos Tempos, 2023.

CABRAL, G. *Mynews Explica Sistema Imunológico e Vacinas.* São Paulo: Edições 70, 2023.

CALIL, G. G. A negação da pandemia: reflexões sobre a estratégia bolsonarista. *Serviço Social & Sociedade*, n. 140, 2021.

CAMPOS-MELLO, P. *A máquina do ódio: notas de uma repórter sobre fake newss e violência digital.* São Paulo: Companhia das Letras, 2020.

CARDOSO, E. W. Em busca da mentira: historiadores contra a falsificação do Holocausto. *Revista Brasileira de História*, v. 42, n. 87, 2021.

ELSEVIER-BORI. 2022: um ano de queda na produção científica para 23 países, inclusive o Brasil. *Relatório técnico.* 2023. Disponível em: https://abori.com.br/wp-content/uploads/2023/07/2022-um-ano--de-queda-na-producao-cientifica-para-23-paises-inclusive-o-Brasil.pdf. Acesso em: 8 set. 2023.

FARIA, L.; OLIVEIRA-LIMA, J. A. DE; ALMEIDA-FILHO, N. Medicina baseada em evidências: breve aporte histórico sobre marcos conceituais e objetivos práticos do cuidado. *História, Ciências, Saúde--Manguinhos*, v. 28, n. 1, 2021.

GOMES, S. F.; PENNA, J. C. B. DE O.; ARROIO, A. Fake News Científicas: Percepção, Persuasão e Letramento. *Ciência & Educação (Bauru)*, v. 26, 2020.

HAFIZ, M. B. Revolta da Vachina: ciência e política na desinformação sobre vacina durante a covid-19 no Brasil. *Dissertação de mestrado*. Programa de Pós-Graduação em Divulgação Científica e Cultural. Agosto de 2023, Campinas-SP.

HARRY, P. *O que sobra*. Trad. Cássio de Arantes Leite, Débora Landsberg, Denise Bottmann e Renato Marques. São Paulo: Objetiva, 2023.

HOCHMAN, G. Vacinação, varíola e uma cultura da imunização no Brasil. *Ciência e Saúde Coletiva*, v. 16, n. 2, 2011.

HUR, D. U.; SABUCEDO, J. M.; ALZATE, M. Bolsonaro e covid-19: negacionismo, militarismo e neoliberalismo TT — Bolsonaro and covid-19: denialism, militarism and neoliberalism TT — Bolsonaro y covid-19: negación, militarismo y neoliberalismo. *Rev. psicol. polit*, v. 21, n. 51, 2021.

KUHN, T. *A estrutura das Revoluções Científicas*. São Paulo: Perspectiva, 2006 (primeira edição 1962).

LEITE, J. C. Controvérsias científicas ou negação da ciência? A agnotologia e a ciência do clima. *Scientiae Studia*, v. 12, n. 1, 2014.

LEVI, P. *Assim foi Auschwitz. Testemunhos 1945-1986*. São Paulo: Companhia das Letras, 2015.

LEVI, P. *É isto um homem?* Rio de Janeiro: Rocco, 1988.

REFERÊNCIAS | 187

LIPSTADT, D. E. *Denying the Holocaust: the growing assault on truth and memory*. New York, N.Y.: Plume, 1994.

LIPSTADT, D. E. *Negação: Uma história real*. Trad. Mauricio Tamboni. São Paulo: Universo dos Livros, 2017.

LUIZ, I. F. *Negacionismo em rede: a negação da escravidão e da ditadura militar no Brasil ganhou a internet*. Trabalho apresentado no XVII Encontro Regional de História da Anpuh-PR. Disponível em: https://www.encontro2020.pr.anpuh.org/resources/anais/24/anpuh-pr-erh2020/1611771709_ARQUIVO_ca993cfa6359a-7f25845b1584f2b5bfb.pdf. Acesso em: 8 set. 2023.

Manual Noticiado Vacinas. *Manual de apoio à cobertura jornalística sobre vacinas*. Agência Bori, IQC e Sabin Institute. 2020. Disponível em: https://abori.com.br/wp-content/uploads/2021/01/Manual-Noticiando-Vacinas_Completo.pdf. Acesso em: 8 set. 2023.

MASSARANI et al. *Confiança na ciência no Brasil em tempos de pandemia*. Instituto Nacional de Ciência e Tecnologia em Comunicação Pública da Ciência e Tecnologia. 2022. Disponível em: https://www.inct-cpct.ufpa.br/wp-content/uploads/2022/12/Resumo_executivo_Confianca_Ciencia_VF_Ascom_5-1.pdf. Acesso em: 8 set. 2023.

MIGUEL, J. C. H. A "meada" do negacionismo climático e o impedimento da governamentalização ambiental no Brasil. *Sociedade e Estado*, v. 37, n. 1, 2022.

MILLER, J. A vacina: *a história do casal de cientistas pioneiros no combate ao coronavírus*. São Paulo: Intrínseca, 2022.

ORSI, C. *Negacionismo & desafios da ciência*. São Paulo: Editora de Cultura, 2022.

PASTERNAK, N. E ORSI, C. *Ciência no cotidiano: viva a razão. Abaixo a ignorância!* São Paulo: Contexto, 2020.

PASTERNAK, N.; ORSI, C. *Contra a realidade*. [s.l.] São Paulo: Papirus, 2021.

PILATI, R. *Ciência e pseudociência. Por que acreditamos naquilo em que queremos acreditar?* São Paulo: Contexto, 2018.

PINHEIRO, C.; EMERY, F. *Cloroquination: como o Brasil se tornou o país da cloroquina e de outras falsas curas para a covid-19*. São Paulo: Paraquedas, 2022.

PRANDO, R. A. E CIOCCARI, D. O. *FakeNews na Política*. São Paulo: Edições 70, 2022.

RODRIGUES, R.; COSTA, H. *A política contra o vírus*. São Paulo: Companhia das Letras, 2022.

SAGAN, C. *O mundo assombrado pelos demônios*. São Paulo: Companhia das Letras, 1996.

SANTINI, R. M.; BARROS, C. E. Negacionismo climático e desinformação online: uma revisão de escopo. *Liinc em Revista*, v. 18, n. 1, 2022.

SOARES et al. *Evidências em Debate. Relatório técnico*. 2023. Disponível em: https://drive.google.com/file/d/1rY8ms_RtMBX5iqH4bj8qV_piFsJeycd_/view. Acesso em: 8 set. 2023.

SOUZA FILHO, L. A. DE; AGUIAR LAGE, D. DE. Entre 'fake news' e pós-verdade: as controvérsias sobre vacinas na literatura científica. *Journal of Science Communication América Latina*, v. 4, n. 02, 2021. Disponível em: https://doi.org/10.22323/3.04020901. Acesso em: 8 set. 2023.

TEILTELBAUN, B. R. *Guerra pela eternidade. O retorno do Tradicionalismo e a ascensão da direita populista*. São Paulo: Unicamp, 2020.

TOKOJIMA MACHADO, D. F.; DE SIQUEIRA, A. F.; GITAHY, L. Natural Stings: Selling Distrust About Vaccines on Brazilian YouTube. *Frontiers in Communication*, v. 5, 26 out. 2020.

REFERÊNCIAS | 189

VALIM, P.; AVELAR, A. DE S.; BEVERNAGE, B. Apresentação – negacionismo: história, historiografia e perspectivas de pesquisa. *Revista Brasileira de História*, v. 41, n. 87, p. 13–36, ago. 2021. Disponível em: https://doi.org/10.1590/1806-93472021v42n87-03. Acesso em: 8 set. 2023.

VENTURA, D. de F. L.; REIS, R. A linha do tempo da estratégia federal de disseminação da covid-19. *Direitos na pandemia: mapeamento e análise das normas jurídicas de resposta à covid-19 no Brasil*, n. 10, p. 6-31, 2021 Tradução disponível em: https://static.poder360.com.br/2021/01/boletim-direitos-na-pandemia.pdf. Acesso em: 17 ago. 2023.

VOSOUGHI, S.; ROY, D.; ARAL, S. The spread of true and false news online. *Science*, v. 359, n. 6380, 2018.

Audiovisuais

CLARK, Daniel J. *A terra é plana*. Estados Unidos: Netflix, 2018. 96 min.

ORESKES, Naomi; CONWAY, Erik M. *Merchants of doubt*. Estados Unidos: Sony Pictures Classics, 2014. 93 min. Tradução livre: Mercadores da dúvida.

MCKAY, Adam. *Não olhe para cima*. Estados Unidos: Netflix, 2021. 144 min.

Podcast Ciência Suja. Episódios: Negacionismo climático à brasileira (Jun. 2023); A rede antivacina (Abr. 2023); Os antivacina contra-atacam (Abr. 2022); Proxalutamida: cobaias da covid (Jun. 2022); Cigarro: o pai do negacionismo moderno (Set. 2021). Disponível em: https://open.spotify.com/show/2bJvbVxZblK6E2mKkI5zbw?si=8a6296de237e4621. Acesso em: 8 set. 2023.

SANTINI. M. *Fake news, fake science, negacionismo*: o custo da desinformação para a sociedade brasileira Youtube, 8 ago. 2023. Disponível em: https://www.youtube.com/watch?v=7tn1Ql90wWc&t=2324s. Acesso em: 8 set. 2023.

Coleção MyNews Explica

MyNews Explica Evangélicos na Política Brasileira – Magali Cunha
MyNews Explica Eleições Brasileiras – Luis Felipe Salomão e Daniel Vianna Vargas
MyNews Explica Budismo – Heródoto Barbeiro
MyNews Explica Pesquisas Eleitorais – Denilde Holzhacker
MyNews Explica a Rússia Face ao Ocidente – Paulo Visentini
MyNews Explica Sistema Imunológico e Vacinas – Gustavo Cabral
MyNews Explica Como Morar Legalmente nos Estados Unidos – Rodrigo Lins
MyNews Explica o Diabo – Edin Sued Abumanssur
MyNews Explica Política nos EUA – Carlos Augusto Poggio
MyNews Explica Fake News na Política – Rodrigo Augusto Prando; Deysi Oliveira
MyNews Explica Exoplanetas – Salvador Nogueira
MyNews Explica Algoritmos – Nina da Hora
MyNews Explica Economia – Juliana Inhasz
MyNews Explica Buracos Negros – Thaisa Storchi Bergmann
MyNews Explica Como Ter Dinheiro Para Vida Toda – Mara Luquet
MyNews Explica Astronomia – Cássio Barbosa

Próximos lançamentos

MyNews Explica Sistemas de Governo – Denilde Holzhacker
MyNews Explica Interculturalidade – Welder Lancieri Marchini
MyNews Explica Integralismo – Leandro Gonçalves; Odilon Caldeira Neto

MyNews Explica Comunismo e Socialismo – Rodrigo Prando
MyNews Explica a Inflação – André Braz
MyNews Explica Relações Internacionais – Guilherme Casarões
MyNews Explica Nacionalismo x Globalização: a polarização do
   nosso tempo – Daniel Souza e Tanguy Baghadadi
MyNews Explica HIV ou A Cura da Aids – Roberto Diaz
MyNews Explica Comportamento e Saúde Financeira – Jairo Bouer
Mynews Explica Galáxias Distantes – Ricardo Ogando
Mynews Explica Democracia – Creomar Souza
MyNews Explica Trabalho e Burnout – Jairo Bouer